I0370476

www.ingramcontent.com/pod-product-compliance
Lightning Source LLC
Chambersburg PA
CBHW042115100526
44587CB00025B/4061
9781778990007

بسم الله الرحمن الرحيم

أفلا يتدبرون القرآن
ولو كان من عند
غير الله لوجدوا فيه
اختلافا كثيرا

تدبر در قرآن کریم

تدبر در سوره مبارکه یس

گروه تحقیقاتی
تدبّر در کلام وحی

تدبّر در قرآن کریم

شماره تماس: ۰۹۰۱۴۲۰۱۹۱۷
سایت: www.alisaboohi.com

فهرست مطالب

مقدمه ۷

تقدیر ۸

آشنایی با اصطلاحات ۹

ترجمه تطبیقی ۱۱

ساختار سوره ۲۳

سیاق اول: آیه ۱ تا ۱۲ .... ۳۱

سیاق دوم: آیه ۱۳ تا ۳۲ .... ۴۴

سیاق سوم: آیه ۳۳ تا ۴۷ .... ۶۲

سیاق چهارم: آیه ۴۸ تا ۶۸ .... ۸۳

سیاق پنجم: آیه ۶۹ تا ۷۰ .... ۱۰۱

سیاق ششم: آیه ۷۱ تا ۷۶ .... ۱۰۵

سیاق هفتم: آیه ۷۷ تا آیه ۸۳ .... ۱۱۴

فضای سخن سوره یس ۱۲۲

سیر هدایتی سوره یس ۱۲۵

فصل اول: سیاق های اول تا چهارم ۱۲۵

جمع‌بندی فصل اول ۱۲۸

فصل دوم: سیاق های پنجم تا هفتم ۱۲۹

فهرست مطالب

جمع‌بندی فصل دوم ۱۳۰

اشتراکات لفظی و موضوعی دو فصل سوره ۱۳۱

جمع‌بندی سیر هدایتی سوره مبارکه یس ۱۳۳

ترجمه منسجم هدایتی سوره یس ۱۳۴

در محضر عترت علیهم‌السلام ۱۴۲

توضیحات کاربردی ۱۴۴

جدول واژگان سوره یس ۱۴۹

بسم الله الرحمن الرحیم

مقدمه

حمد و سپاس بیکران تنها سزاوار معبود یگانه است که قرآن، این کامل‌ترین کتاب آسمانی را بر بنده خود و آخرین پیامبرش حضرت محمد مصطفی صلی‌الله‌علیه‌وآله نازل کرد و او را برای رهایی بخشیدن انسان‌ها از ظلمات و آتش، رسالت داد؛ «الحمد لله ربّ العالمین». صلوات بی‌پایان پروردگار و فرشتگان بر آن مکرم نبی رسول و بزرگ امام معصوم مصون مهدی منصور که برای دریافت و تبلیغ رسالات خدای بزرگ و پیشوائی قافله سعادت، عاشقانه هر رنج و محنتی را به جان خرید. برترین رحمت و برکات آسمان و زمین بر بزرگ‌مرد و بزرگ‌بانوی هستی، حضرت سیدالأوصیاء امیرالمؤمنین امام علی‌بن‌ابی‌طالب علیه‌السلام و حضرت ام‌أبیها صدیقه طاهره فاطمه زهرا علیهاالسلام و درود خدای ودود و مؤمنان ناب براولیای الله و اوصیای رسول أعظم، همان امامان راستین امت از حضرت امام حسن مجتبی علیه‌السلام و حضرت سید الشهداء امام حسین علیه‌السلام و همه فرزندان معصومش علیهم‌السلام، آن انوار سلسله جلیله هدایت تا حضرت بقیة‌الله‌الأعظم امام زمان عجل‌الله‌تعالی‌فرجه‌الشریف آن بزرگ‌معلمان و والامفسران قرآن کریم که بی‌صبرانه فرجشان را در انتظاریم...؛ «إنّ الله و ملائکته یصلّون علی النّبی یا أیّها الّذین آمنوا صلّوا علیه و سلّموا تسلیماً»؛ «اللهمّ صلّ علی محمّد و آل محمّد و عجّل فرجهم».

کتاب پیش رو، «تدبّر در سوره مبارکه یس» است؛ که به لطف و عنایت خدای قادر متعال بعد از سالها انتظار به رشته تحریر در آمده و به چاپ رسیده است. امید که صاحب قرآن از این گام مهم در راستای ترویج تدبّر در قرآن راضی باشد و برکات فراوان انس متدبرانه با قرآن را به خوانندگان این اثر ارزانی دارد.

تقدیر

بدین‌وسیله، مقام شامخ استاد گران‌قدر حضرت آیت الله الهی‌زاده حفظه الله تعالی را گرامی می‌داریم. عالم وارسته‌ای که سال‌های زیبای تعلّم قرآن ما با عنایت پروردگار حکیم و در پرتو علم و فضل ایشان رقم خورد. از خدای مهربان می‌خواهیم که آن بزرگوار را به عالی‌ترین مقامات علمی و معنوی نائل فرماید.

علو درجات و مقامات پدر عزیز و مهربانمان، خادم خالص پیامبر اسلام صلی الله علیه و آله، قرآن کریم و اهل بیت علیهم السلام و بنیان‌گذار مؤسسه فرهنگی قرآن و عترت علیهم السلام تدبر در کلام وحی، حاج مهدی صبوحی رحمة الله علیه را از خدای منان خواستاریم. به ثمر نشستن فعالیت‌های قرآنی ما، تجلی اخلاص و تلاش ایشان است.

از معبود یگانه می‌خواهیم که دوست عزیزمان، مرحوم حجت الاسلام امین عظیمی را در جوار رحمت خویش جای دهد که نقشی مؤثر در مسیر تحقیقات تدبری داشت.

جناب حجت الاسلام محمد میرزایی و جناب حجت الاسلام مهدی صفرزاده، حضوری ارزشمند در مسیر تدوین این اثر داشته‌اند که از درگاه خدای منان، مزید توفیقات ایشان را درخواست می‌کنیم.

همچنین از گروه تحقیقاتی تدبر در تهران، خانم‌ها: زهرا سادات حسینی، ناهید عربی خامنه، اعظم ایمنی‌فر، فرشته رضایی‌نیا، معصومه طاهرخانی، زهرا علی‌دوست، هما مرادی و مریم صفایی به جهت همکاری مشتاقانه و مدقّانه در تهیّه پیشنهادات اصلاح و تکمیل این اثر، تشکر می‌کنیم.

امید که صاحب بزرگوار قرآن مجید این بضاعت مزجات را از ما بپذیرد و پیمانه ما را لبریز فرماید. شما مخاطب گرامی نیز کاستی این نوشتار را از نویسندگان بدان و بزرگوارانه راهنمای ما باش.

ای خدای مهربان! قلم و قدم ما را در راه خدمت‌گزاری به اسلام عزیز، از خطا و لغزش مصون بدار!

آشنایی با اصطلاحات

تدبر در سوره: هریک از سوره‌های قرآن کریم، مصداق یک سخن حکیمانه از سوی پروردگار حکیم است. او آیات سوره را به‌گونه‌ای تدبیر کرده که معانی و مقاصد هدایتی خود را به انسان بفهماند. تدبر در سوره، فهم منسجم و هماهنگ آیات، سیاق‌ها و فصول سوره است.

سیاق: در هر سوره، تا جایی که سیر ادبی و مفهومی آیات ادامه داشته باشد، سیاق ادامه دارد و هرجا پایان یابد، نقطه انفصال سیاقی است. معادل فارسی سیاق، «بند» و اصطلاح رایج آن، «پاراگراف» است.

فصل: منظور از فصل، مجموعه‌ای از سیاق‌های سوره است که با یکدیگر مرتبط و هماهنگ است.

فضای سخن: وضعیتی فردی یا اجتماعی است که سیاق، فصل یا سوره، ناظر بر آن سخن می‌گوید. فضای سخن، گاه سؤال است و گاه شبهه؛ گاه مسئله است و گاه بحران؛ گاه عیب و اشکال است و گاه نقص و نیاز و...

سیر هدایتی: قرآن کریم در مقام اصلاح و رشد فرد، جامعه و حکومت در ابعاد بینشی، گرایشی و کنشی است و این مهم، برترین جلوه اعجازین این کتاب آسمانی است. سیر هدایتی، روند حکیمانه هدایت و تربیت، در سیاق، فصل یا سوره است؛ به بیان دیگر، محتوایی هدفمند به‌منظور تغییر فضای سخن به سمت کمال است.

جهت هدایتی: هدف هدایتی سیاق، فصل یا سوره است. معمولاً جهت هدایتی در نقطه مقابل فضای سخن قرار دارد.

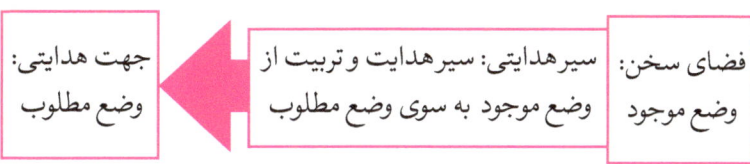

سوره یس

ترجمه تطبیقی

بِسْمِ اللَّهِ الرَّحْمَنِ الرَّحِيمِ

يس ﴿١﴾

یس

وَالْقُرْآنِ الْحَكِيمِ ﴿٢﴾

قسم به قرآن حکیم.

إِنَّكَ لَمِنَ الْمُرْسَلِينَ ﴿٣﴾

همانا تو قطعاً از فرستادگان هستی.

عَلَىٰ صِرَاطٍ مُسْتَقِيمٍ ﴿٤﴾

بر صراطی مستقیم.

تَنْزِيلَ الْعَزِيزِ الرَّحِيمِ ﴿٥﴾

نازل شده عزیز رحیم است.

لِتُنْذِرَ قَوْمًا مَا أُنْذِرَ آبَاؤُهُمْ فَهُمْ غَافِلُونَ ﴿٦﴾

تا انذار دهی قومی را که پدرانشان انذار نشدند پس ایشان غافلان‌اند.

لَقَدْ حَقَّ الْقَوْلُ عَلَىٰ أَكْثَرِهِمْ فَهُمْ لَا يُؤْمِنُونَ ﴿٧﴾

به تحقیق قول بر اکثرشان محقق شد پس ایشان ایمان نمی‌آورند.

إِنَّا جَعَلْنا فی أَعْناقِهِمْ أَغْلالاً فَهِیَ إِلَى الْأَذْقانِ فَهُمْ
مُقْمَحُونَ ﴿۸﴾

همانا ما در گردن‌هایشان غل‌هایی قرار دادیم پس آن غل‌ها تا چانه‌هاست پس ایشان سر به بالا شدگان‌اند.

وَ جَعَلْنا مِنْ بَیْنِ أَیْدیهِمْ سَدًّا وَ مِنْ خَلْفِهِمْ سَدًّا فَأَغْشَیْناهُمْ فَهُمْ
لا یُبْصِرُونَ ﴿۹﴾

و ما از پیش روی آنان سدی و از پشت سرشان سدی قرار دادیم پس ایشان را پوشاندیم، پس آنان نمی‌بینند.

وَ سَواءٌ عَلَیْهِمْ أَ أَنْذَرْتَهُمْ أَمْ لَمْ تُنْذِرْهُمْ لا یُؤْمِنُونَ ﴿۱۰﴾

و برایشان مساوی است چه انذارشان بدهی چه انذارشان ندهی ایمان نمی‌آورند.

إِنَّما تُنْذِرُ مَنِ اتَّبَعَ الذِّکْرَ وَ خَشِیَ الرَّحْمنَ بِالْغَیْبِ فَبَشِّرْهُ بِمَغْفِرَةٍ وَ
أَجْرٍ کَریمٍ ﴿۱۱﴾

انذار می‌دهی فقط کسی را که از ذکر تبعیت کرد و به سبب ایمان به غیب از رحمان خشیت پیدا کرد پس او را به مغفرتی و اجری کریم بشارت بده

إِنَّا نَحْنُ نُحْیِ الْمَوْتى‏ وَ نَکْتُبُ ما قَدَّمُوا وَ آثارَهُمْ وَ کُلَّ شَیْ‏ءٍ
أَحْصَیْناهُ فی‏ إِمامٍ مُبینٍ ﴿۱۲﴾

همانا ما مردگان را زنده می‌کنیم و آنچه را که از پیش می‌فرستند و آثار آن‌ها را می‌نویسیم و همه‌چیز را در جلوداری آشکار احصاء کردیم.

وَ اضْرِبْ لَهُمْ مَثَلاً أَصْحابَ الْقَرْیَةِ إِذْ جاءَهَا الْمُرْسَلُونَ ﴿۱۳﴾

و برای آنان اصحاب آبادی را مثال بزن آنگاه که فرستادگانی برایشان آمد.

إِذْ أَرْسَلْنا إِلَيْهِمُ اثْنَيْنِ فَكَذَّبُوهُما فَعَزَّزْنا بِثالِثٍ فَقالُوا إِنَّا إِلَيْكُمْ مُرْسَلُونَ ﴿١٤﴾

وقتی که ما دو نفر را به سوی آنان فرستادیم پس هردو نفرشان را تکذیب کردند پس با سومین نفر قدرت بخشیدیم پس گفتند همانا ما به سوی شما فرستاده شدگانیم.

قالُوا ما أَنْتُمْ إِلاَّ بَشَرٌ مِثْلُنا وَ ما أَنْزَلَ الرَّحْمنُ مِنْ شَيْءٍ إِنْ أَنْتُمْ إِلاَّ تَكْذِبُونَ ﴿١٥﴾

گفتند شما جز بشری مثل ما نیستید و رحمان هیچ‌چیزی نازل نکرده است؛ نیستید جز اینکه دروغ می‌گویید.

قالُوا رَبُّنا يَعْلَمُ إِنَّا إِلَيْكُمْ لَمُرْسَلُونَ ﴿١٦﴾

گفتند پروردگار ما می‌داند که همانا ما به سوی شما قطعاً فرستاده شدگانیم.

وَ ما عَلَيْنا إِلاَّ الْبَلاغُ الْمُبِينُ ﴿١٧﴾

و بر ما جز ابلاغ آشکار نیست.

قالُوا إِنَّا تَطَيَّرْنا بِكُمْ لَئِنْ لَمْ تَنْتَهُوا لَنَرْجُمَنَّكُمْ وَ لَيَمَسَّنَّكُمْ مِنَّا عَذابٌ أَلِيمٌ ﴿١٨﴾

گفتند همانا ما شما را به فال بد می‌گیریم هرآینه اگر پایان ندهید حتماً شما را سنگسار می‌کنیم و حتماً از جانب ما به شما عذابی دردناک می‌رسد.

قالُوا طائِرُكُمْ مَعَكُمْ أَ إِنْ ذُكِّرْتُمْ بَلْ أَنْتُمْ قَوْمٌ مُسْرِفُونَ ﴿١٩﴾

گفتند شومی شما با خودتان است؛ آیا اگر تذکر داده شدید؟ بلکه شما قومی مسرف هستید.

وَ جاءَ مِنْ أَقْصَا الْمَدِينَةِ رَجُلٌ يَسْعى قالَ يا قَوْمِ اتَّبِعُوا

الْمُرْسَلِينَ ﴿۲۰﴾

و از دورترین نقطه شهر مردی شتابان آمد؛ گفت: ای قوم من! از فرستادگان تبعیت کنید.

اتَّبِعُوا مَنْ لا يَسْئَلُكُمْ أَجْراً وَ هُمْ مُهْتَدُونَ ﴿۲۱﴾

تبعیت کنید کسانی را که اجری از شما نمی‌خواهند و ایشان هدایت‌شدگان‌اند.

وَ ما لِيَ لا أَعْبُدُ الَّذِي فَطَرَنِي وَ إِلَيْهِ تُرْجَعُونَ ﴿۲۲﴾

و مرا چه شده که نپرستم کسی را که مرا آفرید و به سوی او بازگردانده می‌شوید

أَ أَتَّخِذُ مِنْ دُونِهِ آلِهَةً إِنْ يُرِدْنِ الرَّحْمنُ بِضُرٍّ لا تُغْنِ عَنِّي شَفاعَتُهُمْ شَيْئاً وَ لا يُنْقِذُونِ ﴿۲۳﴾

آیا جز او معبودانی بگیرم که اگر رحمان اراده ضرری کند شفاعت آن‌ها چیزی را از من برطرف نمی‌کند و مرا نجات نمی‌دهند.

إِنِّي إِذاً لَفِي ضَلالٍ مُبِينٍ ﴿۲۴﴾

در این صورت همانا من در گمراهی آشکاری خواهم بود.

إِنِّي آمَنْتُ بِرَبِّكُمْ فَاسْمَعُونِ ﴿۲۵﴾

همانا من به پروردگار شما ایمان آوردم پس مرا بشنوید.

قِيلَ ادْخُلِ الْجَنَّةَ قالَ يا لَيْتَ قَوْمِي يَعْلَمُونَ ﴿۲۶﴾

گفته شد به بهشت داخل شو، گفت: ای کاش قوم من علم می‌یافتند.

بِما غَفَرَ لِي رَبِّي وَ جَعَلَنِي مِنَ الْمُكْرَمِينَ ﴿۲۷﴾

به آنچه پروردگارم برای من مغفرت کرد و مرا از گرامی داشته شدگان قرار داد.

وَ ما أَنْزَلْنا عَلى قَوْمِهِ مِنْ بَعْدِهِ مِنْ جُنْدٍ مِنَ السَّماءِ وَ ما كُنَّا

مُنْزِلِينَ ﴿۲۸﴾

و بعد از او هیچ سپاهی از آسمان بر قومش نفرستادیم و ما نازل‌کنندگان نبوده‌ایم.

إِنْ كانَتْ إِلاَّ صَيْحَةً واحِدَةً فَإِذا هُمْ خامِدُونَ ﴿۲۹﴾

جز یک فریاد نبود پس ناگهان آنان خاموش شدند

يا حَسْرَةً عَلَى الْعِبادِ ما يَأْتِيهِمْ مِنْ رَسُولٍ إِلاَّ كانُوا بِهِ يَسْتَهْزِؤُن ﴿۳۰﴾

ای حسرت بر بندگان من؛ هیچ رسولی برایشان نیامد جز اینکه او را پیوسته مسخره می‌کردند.

أَلَمْ يَرَوْا كَمْ أَهْلَكْنا قَبْلَهُمْ مِنَ الْقُرُونِ أَنَّهُمْ إِلَيْهِمْ لا يَرْجِعُونَ ﴿۳۱﴾

آیا ندیدند چه بسیار از نسل‌ها را پیش از ایشان هلاک کردیم؟ اینکه آنان به سویشان بازنمی‌گردند.

وَ إِنْ كُلٌّ لَمَّا جَمِيعٌ لَدَيْنا مُحْضَرُونَ ﴿۳۲﴾

و هیچ یک از ایشان نیست جز اینکه همه آن‌ها نزد ما حاضرشدگان‌اند.

وَ آيَةٌ لَهُمُ الْأَرْضُ الْمَيْتَةُ أَحْيَيْناها وَ أَخْرَجْنا مِنْها حَبًّا فَمِنْهُ يَأْكُلُونَ ﴿۳۳﴾

و نشانه‌ایی است برای ایشان زمین مرده که آن را زنده کردیم و از آن دانه خارج کردیم پس از آن می‌خورند.

وَ جَعَلْنا فِيها جَنَّاتٍ مِنْ نَخِيلٍ وَ أَعْنابٍ وَ فَجَّرْنا فِيها مِنَ الْعُيُونِ ﴿۳۴﴾

و در آن باغ‌هایی از نخل‌ها و درختان انگور قرار دادیم و در آن از چشمه‌ها جوشاندیم.

لِيَأْكُلُوا مِنْ ثَمَرِهِ وَ ما عَمِلَتْهُ أَيْدِيهِمْ أَ فَلا يَشْكُرُونَ ﴿۳۵﴾

تا از ثمر آن و آنچه دست‌هایشان آن را به عمل آورده است بخورند پس آیا شکر نمی‌کنند.

سُبْحانَ الَّذِی خَلَقَ الْأَزْواجَ کُلَّها مِمَّا تُنْبِتُ الْأَرْضُ وَ مِنْ أَنْفُسِهِمْ وَ مِمَّا لا یَعْلَمُونَ ﴿۳۶﴾

پاک و منزه است کسی که ازواج، همه‌اش را از آنچه زمین می‌رویاند و از خودشان و از آنچه علم ندارند، خلق کرد.

وَ آیَةٌ لَهُمُ اللَّیْلُ نَسْلَخُ مِنْهُ النَّهارَ فَإِذا هُمْ مُظْلِمُونَ ﴿۳۷﴾

و نشانه‌ای است برای آنان شب، که روز را از آن می‌کَنیم، پس ناگهان ایشان تاریک شدگان‌اند.

وَ الشَّمْسُ تَجْرِی لِمُسْتَقَرٍّ لَها ذلِکَ تَقْدِیرُ الْعَزِیزِ الْعَلِیمِ ﴿۳۸﴾

و خورشید تا قرارگاهی که برای اوست جاری می‌شود؛ این تقدیر شکست‌ناپذیر علیم است.

وَ الْقَمَرَ قَدَّرْناهُ مَنازِلَ حَتَّی عادَ کَالْعُرْجُونِ الْقَدِیمِ ﴿۳۹﴾

و ماه را هم در منزلگاه‌ها، تقدیرش کردیم تا اینکه مانند شاخه خرمای قدیمی بازگشت.

لاَ الشَّمْسُ یَنْبَغِی لَها أَنْ تُدْرِکَ الْقَمَرَ وَ لاَ اللَّیْلُ سابِقُ النَّهارِ وَ کُلٌّ فِی فَلَکٍ یَسْبَحُونَ ﴿۴۰﴾

نه برای خورشید سزاوار است که ماه را درک کند و نه شب پیشی‌گیرنده بر روز است و همه در مداری شناورند.

وَآيَةٌ لَهُمْ أَنَّا حَمَلْنَا ذُرِّيَّتَهُمْ فِي الْفُلْكِ الْمَشْحُونِ ﴿٤١﴾

و نشانه‌ای است برای ایشان اینکه ما ذریه آن‌ها را در کشتیِ پُر حمل کردیم.

وَخَلَقْنَا لَهُمْ مِنْ مِثْلِهِ مَا يَرْكَبُونَ ﴿٤٢﴾

و از مثل آن، برای ایشان، آنچه سوار می‌شوند خلق کردیم.

وَإِنْ نَشَأْ نُغْرِقْهُمْ فَلَا صَرِيخَ لَهُمْ وَلَا هُمْ يُنْقَذُونَ ﴿٤٣﴾

و اگر بخواهیم غرقشان می‌کنیم، پس هیچ فریادرسی برایشان نیست و نه آنان نجات داده می‌شوند.

إِلَّا رَحْمَةً مِنَّا وَمَتَاعاً إِلَى حِينٍ ﴿٤٤﴾

مگر رحمتی از جانب ما و بهره‌ای تا سرآمدی معین.

وَإِذَا قِيلَ لَهُمُ اتَّقُوا مَا بَيْنَ أَيْدِيكُمْ وَمَا خَلْفَكُمْ لَعَلَّكُمْ تُرْحَمُونَ ﴿٤٥﴾

و هرگاه به آنان گفته شود از آنچه پیش رو و پشت سر شماست تقوا پیشه کنید شاید مشمول رحمت الهی شوید.

وَمَا تَأْتِيهِمْ مِنْ آيَةٍ مِنْ آيَاتِ رَبِّهِمْ إِلَّا كَانُوا عَنْهَا مُعْرِضِينَ ﴿٤٦﴾

و هیچ آیه‌ای از آیات پروردگارشان برایشان نمی‌آید مگر اینکه از آن روی‌گردان شوندگان‌اند.

وَإِذَا قِيلَ لَهُمْ أَنْفِقُوا مِمَّا رَزَقَكُمُ اللَّهُ قَالَ الَّذِينَ كَفَرُوا لِلَّذِينَ آمَنُوا أَنُطْعِمُ مَنْ لَوْ يَشَاءُ اللَّهُ أَطْعَمَهُ إِنْ أَنْتُمْ إِلَّا فِي ضَلَالٍ مُبِينٍ ﴿٤٧﴾

و هنگامی که به آنان گفته شود انفاق کنید از آنچه خدا به شما روزی کرده کافران به مؤمنان گویند: آیا کسی را اطعام کنیم که اگر خدا می‌خواست او را اطعام می‌کرد. شما نیستید مگر در گمراهی آشکار.

وَ يَقُولُونَ مَتى هذَا الوَعْدُ إِنْ كُنْتُمْ صادِقينَ ﴿۴۸﴾

و می‌گویند این وعده کی خواهد بود، اگر راست گویندگانید؟

ما يَنْظُرُونَ إِلاَّ صَيْحَةً واحِدَةً تَأْخُذُهُمْ وَ هُمْ يَخِصِّمُونَ ﴿۴۹﴾

آنان جز یک فریاد را انتظار نمی‌کشند که آن‌ها را می‌گیرد درحالی‌که مشغول جدال و ستیز هستند.

فَلا يَسْتَطيعُونَ تَوْصِيَةً وَ لا إِلى أَهْلِهِمْ يَرْجِعُونَ ﴿۵۰﴾

پس نه بر توصیه‌ای توان می‌یابند و نه به سوی اهل خود بازمی‌گردند.

وَ نُفِخَ فِي الصُّورِ فَإِذا هُمْ مِنَ الْأَجْداثِ إِلى رَبِّهِمْ يَنْسِلُونَ ﴿۵۱﴾

و در صور دمیده شد پس ناگاه آنان از قبرهایشان به سوی پروردگارشان می‌شتابند.

قالُوا يا وَيْلَنا مَنْ بَعَثَنا مِنْ مَرْقَدِنا هذا ما وَعَدَ الرَّحْمنُ وَ صَدَقَ الْمُرْسَلُونَ ﴿۵۲﴾

گفتند ای وای بر ما! چه کسی ما را از خوابگاهمان برانگیخت، این همان چیزی است که رحمان وعده کرد و فرستادگان راست گفتند.

إِنْ كانَتْ إِلاَّ صَيْحَةً واحِدَةً فَإِذا هُمْ جَميعٌ لَدَيْنا مُحْضَرُونَ ﴿۵۳﴾

نیست آن جز یک فریاد؛ پس در آن هنگام همگی نزد ما حاضرشدگان‌اند.

فَالْيَوْمَ لا تُظْلَمُ نَفْسٌ شَيْئاً وَ لا تُجْزَوْنَ إِلاَّ ما كُنْتُمْ تَعْمَلُونَ ﴿۵۴﴾

پس امروز به کسی اندک ستمی نمی‌شود و جزا داده نمی‌شوید، جز آنچه را عمل می‌کردید.

إِنَّ أَصْحابَ الْجَنَّةِ الْيَوْمَ فى شُغُلٍ فاكِهُونَ ﴿۵۵﴾

همانا امروز بهشتیان در مشغولیتی مسرورند.

هُمْ وَ أَزْواجُهُمْ فى ظِلالٍ عَلَى الْأَرائِكِ مُتَّكِؤُنَ ﴿۵۶﴾

ایشان و همسرانشان در سایه‌ها بر تخت‌ها تکیه‌زنندگان‌اند.

لَهُمْ فيها فاكِهَةٌ وَ لَهُمْ ما يَدَّعُونَ ﴿۵۷﴾

برای ایشان در آن میوه است و برای ایشان است آنچه را می‌خواهند.

سَلامٌ قَوْلاً مِنْ رَبٍّ رَحيمٍ ﴿۵۸﴾

سلام، سخنی از پروردگار رحیم.

وَ امْتازُوا الْيَوْمَ أَيُّهَا الْمُجْرِمُونَ ﴿۵۹﴾

ای مجرمان! امروز جدا شوید.

أَ لَمْ أَعْهَدْ إِلَيْكُمْ يا بَنى آدَمَ أَنْ لا تَعْبُدُوا الشَّيْطانَ إِنَّهُ لَكُمْ عَدُوٌّ مُبينٌ ﴿۶۰﴾

ای فرزندان آدم! آیا با شما عهد نکردم که شیطان را عبادت نکنید، همانا او برای شما دشمنی آشکار است؟

وَ أَنِ اعْبُدُونى هذا صِراطٌ مُسْتَقيمٌ ﴿۶۱﴾

و اینکه مرا عبادت کنید، این راهی مستقیم است.

وَ لَقَدْ أَضَلَّ مِنْكُمْ جِبِلاًّ كَثيراً أَ فَلَمْ تَكُونُوا تَعْقِلُونَ ﴿۶۲﴾

و هرآینه قطعاً گروه زیادی از شما را گمراه کرد پس آیا عقل پیشه نمی‌کنید؟

هذِهِ جَهَنَّمُ الَّتى كُنْتُمْ تُوعَدُونَ ﴿۶۳﴾

این جهنمی است که پیوسته به آن وعده داده می‌شدید.

اصْلَوْهَا الْيَوْمَ بِما كُنْتُمْ تَكْفُرُونَ ﴿۶۴﴾

امروز به سبب آنچه کفر می‌ورزیدید داخل آن شوید.

اَلْيَوْمَ نَخْتِمُ عَلَىٰ أَفْوَاهِهِمْ وَتُكَلِّمُنَا أَيْدِيهِمْ وَتَشْهَدُ أَرْجُلُهُم بِمَا كَانُوا يَكْسِبُونَ ﴿٦٥﴾

امروز بر دهان‌های آن‌ها مهر می‌زنیم و دست‌های آن‌ها با ما سخن می‌گوید و پاهای آن‌ها شهادت می‌دهد به آنچه کسب می‌کردند.

وَلَوْ نَشَاءُ لَطَمَسْنَا عَلَىٰ أَعْيُنِهِمْ فَاسْتَبَقُوا الصِّرَاطَ فَأَنَّىٰ يُبْصِرُونَ ﴿٦٦﴾

و اگر بخواهیم قطعاً چشمانشان را محو می‌کنیم؛ پس در راه سبقت می‌گیرند، پس چگونه می‌بینند؟

وَلَوْ نَشَاءُ لَمَسَخْنَاهُمْ عَلَىٰ مَكَانَتِهِمْ فَمَا اسْتَطَاعُوا مُضِيًّا وَلَا يَرْجِعُونَ ﴿٦٧﴾

و اگر بخواهیم قطعاً آن‌ها را بر جایگاهشان مسخ می‌کنیم، پس نمی‌توانند پیش بروند و نه برگردند.

وَمَن نُّعَمِّرْهُ نُنَكِّسْهُ فِي الْخَلْقِ أَفَلَا يَعْقِلُونَ ﴿٦٨﴾

و هر کس را که عمر طولانی دهیم، او را در خلق وارونه می‌کنیم، پس آیا عقل پیشه نمی‌کنند؟

وَمَا عَلَّمْنَاهُ الشِّعْرَ وَمَا يَنبَغِي لَهُ إِنْ هُوَ إِلَّا ذِكْرٌ وَقُرْآنٌ مُّبِينٌ ﴿٦٩﴾

و به او شعر تعلیم ندادیم و برایش سزاوار نیست؛ آن نیست مگر یادآوری و قرآنی آشکار.

لِّيُنذِرَ مَن كَانَ حَيًّا وَيَحِقَّ الْقَوْلُ عَلَى الْكَافِرِينَ ﴿٧٠﴾

تا انذار دهد کسی را که زنده است و قول بر کافران محقق می‌شود.

أَ وَ لَمْ يَرَوْا أَنَّا خَلَقْنا لَهُمْ مِمَّا عَمِلَتْ أَيْدينا أَنْعاماً فَهُمْ لَها مالِكُونَ ﴿۷۱﴾

و آیا ندیدند اینکه ما برای ایشان، از آنچه دستان ما به عمل آورد، چهارپایانی خلق کردیم، پس ایشان مالکان آن‌ها هستند؟

وَ ذَلَّلْناها لَهُمْ فَمِنْها رَكُوبُهُمْ وَ مِنْها يَأْكُلُونَ ﴿۷۲﴾

و آن را برایشان رام کردیم؛ پس از آن‌هاست سواری ایشان و از آن‌ها می‌خورند.

وَ لَهُمْ فيها مَنافِعُ وَ مَشارِبُ أَ فَلا يَشْكُرُونَ ﴿۷۳﴾

و برای ایشان در آن منفعت‌ها و نوشیدنی‌هایی است، پس آیا شکر نمی‌کنند؟

وَ اتَّخَذُوا مِنْ دُونِ اللَّهِ آلِهَةً لَعَلَّهُمْ يُنْصَرُونَ ﴿۷۴﴾

و معبودانی غیر از خدا گرفتند، به امید آنکه ایشان یاری شوند.

لا يَسْتَطيعُونَ نَصْرَهُمْ وَ هُمْ لَهُمْ جُنْدٌ مُحْضَرُونَ ﴿۷۵﴾

استطاعت یاری ایشان را ندارند و آن‌ها برای ایشان لشکری حاضرشده‌اند.

فَلا يَحْزُنْكَ قَوْلُهُمْ إِنَّا نَعْلَمُ ما يُسِرُّونَ وَ ما يُعْلِنُونَ ﴿۷۶﴾

پس قول ایشان تو را محزون نکند؛ قطعاً ما به آنچه پنهان می‌دارند و آنچه آشکار می‌سازند، علم داریم.

أَ وَ لَمْ يَرَ الْاِنسانُ أَنَّا خَلَقْناهُ مِنْ نُطْفَةٍ فَإِذا هُوَ خَصيمٌ مُبينٌ ﴿۷۷﴾

و آیا انسان ندید اینکه ما او را از نطفه‌ای آفریدیم، پس ناگهان او خصمی آشکار شده است؟

وَ ضَرَبَ لَنا مَثَلاً وَ نَسِيَ خَلْقَهُ قالَ مَنْ يُحْيِ الْعِظامَ وَ هِيَ رَميمٌ ﴿۷۸﴾

و برای ما مثلی زد درحالی‌که آفرینش خود را فراموش کرد، گفت چه کسی استخوان‌ها

را زنده می‌کند درحالی‌که آن پوسیده شده است؟

قُلْ يُحْيِيهَا الَّذِي أَنْشَأَهَا أَوَّلَ مَرَّةٍ وَهُوَ بِكُلِّ خَلْقٍ عَلِيمٌ ﴿۷۹﴾

بگو زنده می‌کند آن را همان کسی که نخستین بار آن را ایجاد کرد و او به هر خلقی علیم است.

الَّذِي جَعَلَ لَكُمْ مِنَ الشَّجَرِ الْأَخْضَرِ نَاراً فَإِذَا أَنْتُمْ مِنْهُ تُوقِدُونَ ﴿۸۰﴾

کسی که برای شما از درخت سبز، آتشی قرار داد پس آنگاه شما از آن، آتش می‌افروزید.

أَوَلَيْسَ الَّذِي خَلَقَ السَّمَاوَاتِ وَالْأَرْضَ بِقَادِرٍ عَلَىٰ أَنْ يَخْلُقَ مِثْلَهُمْ بَلَىٰ وَهُوَ الْخَلَّاقُ الْعَلِيمُ ﴿۸۱﴾

و آیا کسی که آسمان‌ها و زمین را خلق کرد، قادر نیست بر اینکه مثل آن‌ها را خلق کند؟ بله و او بسیار خلق‌کننده علیم است.

إِنَّمَا أَمْرُهُ إِذَا أَرَادَ شَيْئاً أَنْ يَقُولَ لَهُ كُنْ فَيَكُونُ ﴿۸۲﴾

امرش این است، هنگامی که چیزی را اراده کند، فقط این که به او می‌گوید باش، پس می‌شود.

فَسُبْحَانَ الَّذِي بِيَدِهِ مَلَكُوتُ كُلِّ شَيْءٍ وَإِلَيْهِ تُرْجَعُونَ ﴿۸۳﴾

پس منزه است کسی که ملکوت هر چیزی به دست اوست و به سوی او بازگردانده می‌شوید.

ساختار سوره

این سوره شریف، از هفت سیاق تشکیل شده است:

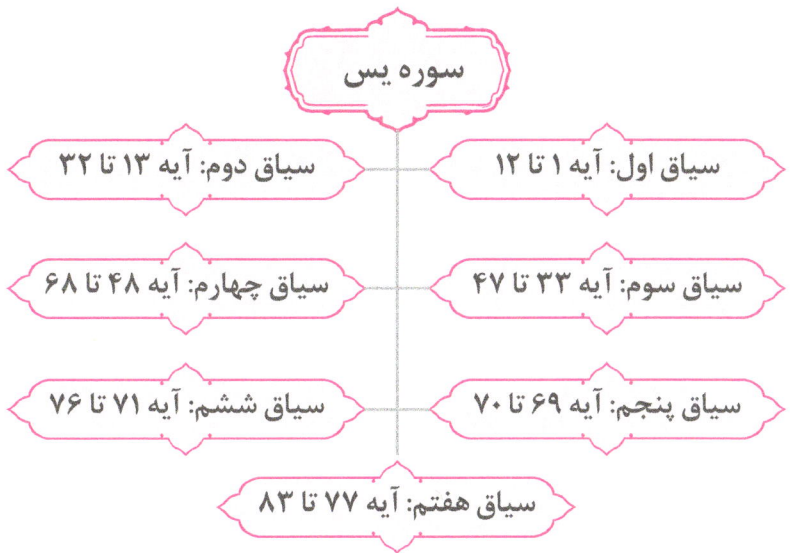

سوره یس

- سیاق اول: آیه ۱ تا ۱۲
- سیاق دوم: آیه ۱۳ تا ۳۲
- سیاق سوم: آیه ۳۳ تا ۴۷
- سیاق چهارم: آیه ۴۸ تا ۶۸
- سیاق پنجم: آیه ۶۹ تا ۷۰
- سیاق ششم: آیه ۷۱ تا ۷۶
- سیاق هفتم: آیه ۷۷ تا ۸۳

سیاق اول. آیه ۱ تا ۱۲

یس ﴿١﴾ وَ الْقُرْآنِ الْحَكيمِ ﴿٢﴾ إِنَّكَ لَمِنَ الْمُرْسَلينَ ﴿٣﴾ عَلى صِراطٍ مُسْتَقيمٍ ﴿٤﴾
تَنْزيلَ الْعَزيزِ الرَّحيمِ ﴿٥﴾ لِتُنْذِرَ قَوْماً ما أُنْذِرَ آباؤُهُمْ فَهُمْ غافِلُونَ ﴿٦﴾ لَقَدْ حَقَّ الْقَوْلُ
عَلى أَكْثَرِهِمْ فَهُمْ لا يُؤْمِنُونَ ﴿٧﴾ إِنَّا جَعَلْنا في أَعْناقِهِمْ أَغْلالاً فَهِيَ إِلَى الْأَذْقانِ
فَهُمْ مُقْمَحُونَ ﴿٨﴾ وَ جَعَلْنا مِنْ بَيْنِ أَيْديهِمْ سَدًّا وَ مِنْ خَلْفِهِمْ سَدًّا فَأَغْشَيْناهُمْ
فَهُمْ لا يُبْصِرُونَ ﴿٩﴾ وَ سَواءٌ عَلَيْهِمْ أَ أَنْذَرْتَهُمْ أَمْ لَمْ تُنْذِرْهُمْ لا يُؤْمِنُونَ ﴿١٠﴾ إِنَّما
تُنْذِرُ مَنِ اتَّبَعَ الذِّكْرَ وَ خَشِيَ الرَّحْمنَ بِالْغَيْبِ فَبَشِّرْهُ بِمَغْفِرَةٍ وَ أَجْرٍ كَريمٍ ﴿١١﴾ إِنَّا
نَحْنُ نُحْيِ الْمَوْتى وَ نَكْتُبُ ما قَدَّمُوا وَ آثارَهُمْ وَ كُلَّ شَيْءٍ أَحْصَيْناهُ في إِمامٍ
مُبينٍ ﴿١٢﴾

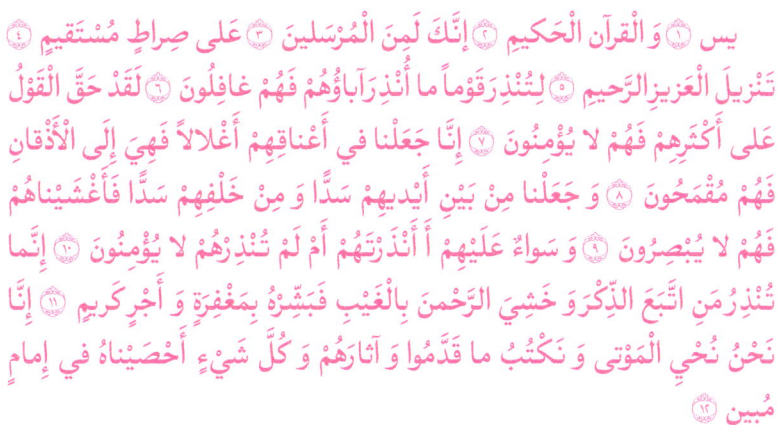

قسم و جواب قسم در ابتدای سیاق یعنی آیه ۲ تا ۶، از فرستاده شدن

رسول خدا ﷺ بر صراط مستقیم قرآنی، برای انذار قوم سخن گفته است.

ادامه سیاق در آیه ۷ تا ۱۰ آن قوم را به وصف انذارناپذیری معرفی کرده و آیه ۱۱ در نقطه مقابل، از گروه دیگری که پذیرنده انذار رسول خدا ﷺ هستند، سخن گفته است.

در پایان، آیه ۱۲ با بیانی هشدارآمیز از زنده کردن مردگان به دست خدا و ثبت و ضبط دقیق اعمال ایشان، سخن گفته و این‌گونه به مقدمات تحقّق خبر انذارآمیز رسول خدا ﷺ اشاره کرده است.

سیاق دوم. آیات ۱۳ تا ۳۲

وَ اضْرِبْ لَهُمْ مثلاً أَصْحابَ الْقَرْيَةِ إِذْ جاءَهَا الْمُرْسَلُونَ ﴿۱۳﴾ إِذْ أَرْسَلْنا إِلَيْهِمُ
اثْنَيْنِ فَكَذَّبُوهُما فَعَزَّزْنا بِثالِثٍ فَقالُوا إِنَّا إِلَيْكُمْ مُرْسَلُونَ ﴿۱۴﴾ قالُوا ما أَنْتُمْ إِلاَّ
بَشَرٌ مِثْلُنا وَ ما أَنْزَلَ الرَّحْمنُ مِنْ شَيْءٍ إِنْ أَنْتُمْ إِلاَّ تَكْذِبُونَ ﴿۱۵﴾ قالُوا رَبُّنا يَعْلَمُ
إِنَّا إِلَيْكُمْ لَمُرْسَلُونَ ﴿۱۶﴾ وَما عَلَيْنا إِلاَّ الْبَلاغُ الْمُبينُ ﴿۱۷﴾ قالُوا إِنَّا تَطَيَّرْنا بِكُمْ لَئِنْ
لَمْ تَنْتَهُوا لَنَرْجُمَنَّكُمْ وَ لَيَمَسَّنَّكُمْ مِنَّا عَذابٌ أَليمٌ ﴿۱۸﴾ قالُوا طائِرُكُمْ مَعَكُمْ أَ إِنْ
ذُكِّرْتُمْ بَلْ أَنْتُمْ قَوْمٌ مُسْرِفُونَ ﴿۱۹﴾ وَجاءَ مِنْ أَقْصَا الْمَدينَةِ رَجُلٌ يَسْعى قالَ يا قَوْمِ
اتَّبِعُوا الْمُرْسَلينَ ﴿۲۰﴾ اتَّبِعُوا مَنْ لا يَسْئَلُكُمْ أَجْراً وَ هُمْ مُهْتَدُونَ ﴿۲۱﴾ وما لِيَ لا أَعْبُدُ
الَّذي فَطَرَني وَ إِلَيْهِ تُرْجَعُونَ ﴿۲۲﴾ أَ أَتَّخِذُ مِنْ دُونِهِ آلِهَةً إِنْ يُرِدْنِ الرَّحْمنُ بِضُرٍّ لا
تُغْنِ عَنِّي شَفاعَتُهُمْ شَيْئاً وَ لا يُنْقِذُونِ ﴿۲۳﴾ إِنِّي إِذاً لَفي ضَلالٍ مُبينٍ ﴿۲۴﴾ إِنِّي
آمَنْتُ بِرَبِّكُمْ فَاسْمَعُونِ ﴿۲۵﴾ قيلَ ادْخُلِ الْجَنَّةَ قالَ يا لَيْتَ قَوْمي يَعْلَمُونَ ﴿۲۶﴾ بِما
غَفَرَلي رَبِّي وَ جَعَلَني مِنَ الْمُكْرَمينَ ﴿۲۷﴾ وَ ما أَنْزَلْنا عَلى قَوْمِهِ مِنْ بَعْدِهِ مِنْ جُنْدٍ
مِنَ السَّماءِ وَ ما كُنَّا مُنْزِلينَ ﴿۲۸﴾ إِنْ كانَتْ إِلاَّ صَيْحَةً واحِدَةً فَإِذا هُمْ خامِدُونَ ﴿۲۹﴾
يا حَسْرَةً عَلَى الْعِبادِ ما يَأْتيهِمْ مِنْ رَسُولٍ إِلاَّ كانُوا بِهِ يَسْتَهْزِؤُنَ ﴿۳۰﴾ أَلَمْ يَرَوْا كَمْ
أَهْلَكْنا قَبْلَهُمْ مِنَ الْقُرُونِ أَنَّهُمْ إِلَيْهِمْ لا يَرْجِعُونَ ﴿۳۱﴾ وَ إِنْ كُلٌّ لَمَّا جَميعٌ لَدَيْنا

مُحْضَرُونَ ﴿۳۲﴾

از ابتدای آیه ۱۳، سیر مفهومی جدیدی آغاز شده است؛ این سیر مفهومی جدید، یادآوری جریان قومی است که در مقابل رسولان الهی، رویکرد انذارناپذیری را انتخاب کرده و به عاقبت سختی گرفتار شده‌اند.

پیوستگی آیات این سیر روشن است:

آیه ۱۳ تا ۲۷، در سیری به‌هم‌پیوسته از رویکرد آن قوم در مواجهه با رسولان الهی و عاقبت آن‌ها پیرو این رویکرد سخن گفته است.

آیه ۲۸ تا ۳۲، در مقام نتیجه‌گیری از این ماجرا برآمده و نسبت به حال بندگانی که همین رویکرد را برگزیده‌اند و به عاقبت سخت این رفتار در اقوام گذشته اعتنایی ندارند، ابراز تأسّف و حسرت کرده است.

سیاق سوم: آیات ۳۳ تا ۴۷

وَ آيَةٌ لَهُمُ الْأَرْضُ الْمَيْتَةُ أَحْيَيْناها وَ أَخْرَجْنا مِنْها حَبًّا فَمِنْهُ يَأْكُلُونَ ﴿۳۳﴾ وَ
جَعَلْنا فيها جَنَّاتٍ مِنْ نَخيلٍ وَ أَعْنابٍ وَ فَجَّرْنا فيها مِنَ الْعُيُونِ ﴿۳۴﴾ لِيَأْكُلُوا مِنْ
ثَمَرِهِ وَ ما عَمِلَتْهُ أَيْديهِمْ أَ فَلا يَشْكُرُونَ ﴿۳۵﴾ سُبْحانَ الَّذي خَلَقَ الْأَزْواجَ كُلَّها
مِمَّا تُنْبِتُ الْأَرْضُ وَ مِنْ أَنْفُسِهِمْ وَ مِمَّا لا يَعْلَمُونَ ﴿۳۶﴾ وَ آيَةٌ لَهُمُ اللَّيْلُ نَسْلَخُ
مِنْهُ النَّهارَ فَإِذا هُمْ مُظْلِمُونَ ﴿۳۷﴾ وَ الشَّمْسُ تَجْري لِمُسْتَقَرٍّ لَها ذلِكَ تَقْديرُ الْعَزيزِ
الْعَليمِ ﴿۳۸﴾ وَ الْقَمَرَ قَدَّرْناهُ مَنازِلَ حَتَّى عادَ كَالْعُرْجُونِ الْقَديمِ ﴿۳۹﴾ لَا الشَّمْسُ يَنْبَغي
لَها أَنْ تُدْرِكَ الْقَمَرَ وَ لَا اللَّيْلُ سابِقُ النَّهارِ وَ كُلٌّ في فَلَكٍ يَسْبَحُونَ ﴿۴۰﴾ وَ آيَةٌ لَهُمْ
أَنَّا حَمَلْنا ذُرِّيَّتَهُمْ فِي الْفُلْكِ الْمَشْحُونِ ﴿۴۱﴾ وَ خَلَقْنا لَهُمْ مِنْ مِثْلِهِ ما يَرْكَبُونَ ﴿۴۲﴾
وَ إِنْ نَشَأْ نُغْرِقْهُمْ فَلا صَريخَ لَهُمْ وَ لا هُمْ يُنْقَذُونَ ﴿۴۳﴾ إِلاَّ رَحْمَةً مِنَّا وَ مَتاعاً إِلى
حينٍ ﴿۴۴﴾ وَ إِذا قيلَ لَهُمُ اتَّقُوا ما بَيْنَ أَيْديكُمْ وَ ما خَلْفَكُمْ لَعَلَّكُمْ تُرْحَمُونَ ﴿۴۵﴾ وَ ما
تَأْتيهِمْ مِنْ آيَةٍ مِنْ آياتِ رَبِّهِمْ إِلاَّ كانُوا عَنْها مُعْرِضينَ ﴿۴۶﴾ وَ إِذا قيلَ لَهُمْ أَنْفِقُوا
مِمَّا رَزَقَكُمُ اللهُ قالَ الَّذينَ كَفَرُوا لِلَّذينَ آمَنُوا أَ نُطْعِمُ مَنْ لَوْ يَشاءُ اللهُ أَطْعَمَهُ إِنْ

أَنْتُمْ إِلاَّ في ضَلالٍ مُبينٍ ﴿٤٧﴾

از ابتدای آیه ۳۳، سیر مفهومی جدیدی در برشماری آیات قدرت الهی آغاز شده است.

این سیر به صورت پیوسته تا آیه ۴۷ ادامه یافته است:

آیه ۳۳ تا ۳۶، با عبارت «و آیة لهم» آغاز شده و به بیان نشانه قدرت الهی در موضوع احیای زمین مرده و رویش گیاهان از آن می‌پردازد.

آیه ۳۷ تا ۴۰، نیز با عبارت «و آیة لهم» آغاز شده و نشانه دیگری بر قدرت الهی در موضوع ماه و خورشید و رابطه آن‌ها با شب و روز را مطرح کرده است.

آیه ۴۱ تا ۴۴ نیز بار دیگر با عبارت «و آیة لهم» آغاز شده و این بار به بیان نشانه دیگری بر قدرت الهی، در موضوع حرکت کشتی‌ها بر روی آب و بهره‌مندی انسان‌ها از این نعمت پرداخته است.

در آیه ۴۵ تا ۴۷، دو بار عبارت «و اذا قیل لهم» تکرار شده و بعد از هر بار به هدایتی نسبت به عدّه‌ای خاص و رویکرد مخالف آن‌ها در این باره اشاره کرده است؛ یک بار در موضوع تقوا و بار دیگر در موضوع انفاق. مرجع ضمیر «هم» در این عبارات، مشترک با مرجع ضمیر «هم» در عبارت «و آیة لهم» در آیات قبلی سیاق است. آیه ۴۵ تا ۴۷، به‌نوعی در مقام توبیخ کسانی است که به آیات مطرح‌شده در سیاق اعتنا ندارند و ازاین‌رو رویکردی غلط در مقابل دعوت به تقوا و انفاق برگزیده‌اند. نشانه این ارتباط، جمله «وَ ما تَأْتيهِمْ مِنْ آيَةٍ مِنْ آياتِ رَبِّهِمْ إِلاَّ كانُوا عَنْها مُعْرِضينَ» در آیه ۴۶ سیاق، بین دو عبارت «و اذا قیل لهم» است.

سیاق چهارم: آیات ۴۸ تا ۶۸

وَ يَقُولُونَ مَتى هذَا الْوَعْدُ إِنْ كُنْتُمْ صادِقينَ ﴿٤٨﴾ ما يَنْظُرُونَ إِلاَّ صَيْحَةً واحِدَةً

تَأْخُذُهُمْ وَ هُمْ يَخِصِّمُونَ ﴿٤٩﴾ فَلا يَسْتَطيعُونَ تَوْصِيَةً وَ لا إِلى أَهْلِهِمْ يَرْجِعُونَ ﴿٥٠﴾
وَ نُفِخَ فِي الصُّورِ فَإِذا هُمْ مِنَ الْأَجْداثِ إِلى رَبِّهِمْ يَنْسِلُونَ ﴿٥١﴾ قالُوا يا وَيْلَنا مَنْ
بَعَثَنا مِنْ مَرْقَدِنا هذا ما وَعَدَ الرَّحْمنُ وَ صَدَقَ الْمُرْسَلُونَ ﴿٥٢﴾ إِنْ كانَتْ إِلاَّ صَيْحَةً
واحِدَةً فَإِذا هُمْ جَميعٌ لَدَيْنا مُحْضَرُونَ ﴿٥٣﴾ فَالْيَوْمَ لا تُظْلَمُ نَفْسٌ شَيْئاً وَ لا تُجْزَوْنَ
إِلاَّ ما كُنْتُمْ تَعْمَلُونَ ﴿٥٤﴾ إِنَّ أَصْحابَ الْجَنَّةِ الْيَوْمَ في شُغُلٍ فاكِهُونَ ﴿٥٥﴾ هُمْ وَ
أَزْواجُهُمْ في ظِلالٍ عَلَى الْأَرائِكِ مُتَّكِؤُنَ ﴿٥٦﴾ لَهُمْ فيها فاكِهَةٌ وَ لَهُمْ ما يَدَّعُونَ
﴿٥٧﴾ سَلامٌ قَوْلاً مِنْ رَبٍّ رَحيمٍ ﴿٥٨﴾ وَ امْتازُوا الْيَوْمَ أَيُّهَا الْمُجْرِمُونَ ﴿٥٩﴾ أَ لَمْ أَعْهَدْ
إِلَيْكُمْ يا بَني آدَمَ أَنْ لا تَعْبُدُوا الشَّيْطانَ إِنَّهُ لَكُمْ عَدُوٌّ مُبينٌ ﴿٦٠﴾ وَ أَنِ اعْبُدُوني
هذا صِراطٌ مُسْتَقيمٌ ﴿٦١﴾ وَ لَقَدْ أَضَلَّ مِنْكُمْ جِبِلاًّ كَثيراً أَ فَلَمْ تَكُونُوا تَعْقِلُونَ ﴿٦٢﴾
هذِهِ جَهَنَّمُ الَّتي كُنْتُمْ تُوعَدُونَ ﴿٦٣﴾ اصْلَوْهَا الْيَوْمَ بِما كُنْتُمْ تَكْفُرُونَ ﴿٦٤﴾ الْيَوْمَ
نَخْتِمُ عَلى أَفْواهِهِمْ وَ تُكَلِّمُنا أَيْديهِمْ وَ تَشْهَدُ أَرْجُلُهُمْ بِما كانُوا يَكْسِبُونَ ﴿٦٥﴾ وَ
لَوْ نَشاءُ لَطَمَسْنا عَلى أَعْيُنِهِمْ فَاسْتَبَقُوا الصِّراطَ فَأَنَّى يُبْصِرُونَ ﴿٦٦﴾ وَ لَوْ نَشاءُ
لَمَسَخْناهُمْ عَلى مَكانَتِهِمْ فَمَا اسْتَطاعُوا مُضِيًّا وَ لا يَرْجِعُونَ ﴿٦٧﴾ وَ مَنْ نُعَمِّرْهُ
نُنَكِّسْهُ فِي الْخَلْقِ أَ فَلا يَعْقِلُونَ ﴿٦٨﴾

از ابتدای آیه ۴۸، سیر جدیدی با اشاره به سؤالی انکاری در مورد قیامت آغاز شده و با بیان وقایع آن روز و عاقبت‌های متفاوت در آن روز ادامه یافته است.

پیوستگی آیات این سیاق، در ارتباط با برپایی قیامت و وضعیت بهشتیان و مجرمان در آن روز روشن است:

آیه ۴۸ تا ۵۴، به سؤال منکران در مورد زمان قیامت اشاره کرده و در ادامه در مقام پاسخ به این سؤال، با لحنی انذارآمیز از تحقّق قیامت و خروج انسان‌ها از قبرها برای برپایی محکمه الهی در آن روز سخن گفته است.

آیه ۵۴، با عبارت «الیوم» به روز قیامت اشاره دارد.

در ادامه آیه ۵۵ تا ۵۸، با اشاره به همین عبارت یعنی ظرف زمانی

«الیوم» به بیان عاقبت بهشتیان در آن روز پرداخته است.

آیه ۵۹ تا ۶۴ نیز، بار دیگر عبارت «الیوم» را تکرار کرده و در ادامه به بیان سخن توبیخ‌آمیز خدای متعالی با مجرمان در قیامت، اشاره دارد.

آیه ۶۵ تا ۶۷، نیز با عبارت «الیوم» آغاز شده و از چگونگی به حساب‌کشیدن سخت مجرمان در روز قیامت سخن می‌گوید.

در پایان، آیه ۶۸ به مسیر پیر شدن گریزناپذیر جسم انسان، به‌عنوان نشانه‌ای برای اثبات گریزناپذیری عذاب اخروی اشاره می‌کند.

سیاق پنجم: آیات ۶۹ و ۷۰

وَ ما عَلَّمْناهُ الشِّعْرَ وَ ما يَنْبَغي لَهُ إِنْ هُوَ إِلاَّ ذِكْرٌ وَ قُرْآنٌ مُبينٌ ﴿۶۹﴾ لِيُنْذِرَ مَنْ كانَ حَيًّا وَ يَحِقَّ الْقَوْلُ عَلَى الْكافِرينَ ﴿۷۰﴾

آیه ۶۹ و ۷۰، سیر مفهومی جدیدی در سوره است که اتهام شعر بودن قرآن کریم را نفی کرده و از ماهیت ذکر بودن آن برای انذار و اتمام حجّت سخن گفته است.

سیاق ششم: آیات ۷۱ تا ۷۶

أَ وَ لَمْ يَرَوْا أَنَّا خَلَقْنا لَهُمْ مِمَّا عَمِلَتْ أَيْدينا أَنْعاماً فَهُمْ لَها مالِكُونَ ﴿۷۱﴾ وَ ذَلَّلْناها لَهُمْ فَمِنْها رَكُوبُهُمْ وَ مِنْها يَأْكُلُونَ ﴿۷۲﴾ وَ لَهُمْ فيها مَنافِعُ وَ مَشارِبُ أَ فَلا يَشْكُرُونَ ﴿۷۳﴾ وَ اتَّخَذُوا مِنْ دُونِ اللهِ آلِهَةً لَعَلَّهُمْ يُنْصَرُونَ ﴿۷۴﴾ لا يَسْتَطيعُونَ نَصْرَهُمْ وَ هُمْ لَهُمْ جُنْدٌ مُحْضَرُونَ ﴿۷۵﴾ فَلا يَحْزُنْكَ قَوْلُهُمْ إِنَّا نَعْلَمُ ما يُسِرُّونَ وَ ما يُعْلِنُونَ ﴿۷۶﴾

آیه ۷۱، شروع سیر مفهومی جدیدی است که با اشاره به خلقت حکمت‌آمیز چهارپایان برای بهره‌مندی انسان‌ها، به‌عنوان نشانه‌ای از

قدرت پروردگار عالم آغاز شده است.

پیوستگی آیات این سیاق بر محور توبیخ نسبت به عدم توجّه به این نشانه، روشن است:

آیه ۷۱ تا ۷۳، در مورد این نشانه سخن گفته است.

آیه ۷۴ و ۷۵، از رویکرد غلط مشرکان سخن می‌گوید که با وجود چنین نشانه‌های روشنی، برای پروردگار عالم شریکانی در نظر گرفته‌اند که یارای برطرف کردن هیچ نیازی از ایشان را ندارند.

آیه ۷۶ در پایان این سیر، با «فاء» به آیات قبل عطف شده و پیامبر را از اندوه به خاطر سخنان شرک‌آلود مشرکان بازمی‌دارد.

سیاق هفتم: آیات ۷۷ تا ۸۳

أَ وَ لَمْ يَرَ الْإِنْسانُ أَنَّا خَلَقْناهُ مِنْ نُطْفَةٍ فَإِذا هُوَ خَصِيمٌ مُبِينٌ ﴿۷۷﴾ وَ ضَرَبَ لَنا مَثَلاً وَ نَسِيَ خَلْقَهُ قالَ مَنْ يُحْيِ الْعِظامَ وَ هِيَ رَمِيمٌ ﴿۷۸﴾ قُلْ يُحْيِيهَا الَّذِي أَنْشَأَها أَوَّلَ مَرَّةٍ وَ هُوَ بِكُلِّ خَلْقٍ عَلِيمٌ ﴿۷۹﴾ الَّذِي جَعَلَ لَكُمْ مِنَ الشَّجَرِ الْأَخْضَرِ ناراً فَإِذا أَنْتُمْ مِنْهُ تُوقِدُونَ ﴿۸۰﴾ أَ وَ لَيْسَ الَّذِي خَلَقَ السَّماواتِ وَ الْأَرْضَ بِقادِرٍ عَلى أَنْ يَخْلُقَ مِثْلَهُمْ بَلى وَ هُوَ الْخَلَّاقُ الْعَلِيمُ ﴿۸۱﴾ إِنَّما أَمْرُهُ إِذا أَرادَ شَيْئاً أَنْ يَقُولَ لَهُ كُنْ فَيَكُونُ ﴿۸۲﴾ فَسُبْحانَ الَّذِي بِيَدِهِ مَلَكُوتُ كُلِّ شَيْءٍ وَ إِلَيْهِ تُرْجَعُونَ ﴿۸۳﴾

آیه ۷۷، شروع سیر مفهومی جدیدی است که در مقام پاسخ‌گویی به شبهه قدرت خدا برای زنده کردن دوباره انسان، به قدرت خدا در خلق اولیه انسان اشاره می‌کند.

پیوستگی آیات این سیاق، در ارتباط با پاسخ به شبهه زنده کردن دوباره انسان‌ها، روشن است:

آیه ۷۷، خلقت اولیه را برای انسانی که در خلقت دوباره شک دارد، یادآوری کرده است.

آیه ۷۸، به شبهه او بدون در نظر گرفتن نشانه بزرگ قدرت خدا بر خلق دوباره انسان، اشاره کرده است و آیه ۷۹، با یادآوری دوباره قدرت خدا در خلق اولیه، با عبارت «الّذی انشأها اوّل مرّة»، به‌صراحت به این شبهه پاسخ داده است.

آیه ۸۰ و ۸۱، با تکرار «الّذی» در توصیف پروردگار عالم، به بیان دو نشانه عظیم دیگر برای اثبات قدرت خدا پرداخته و آیه ۸۲، بر اساس همین نشانه‌ها از سنّتی مهم در حتمیت تحقق اراده الهی در هر زمینه‌ای سخن گفته است.

آیه ۸۳، با «فا» آغاز شده و در مقام نتیجه‌گیری از آیات قبل، از تسبیح پروردگار عالم به وصف فرمانروایی و مقتدرانه او در مبدأ و معاد عالم سخن گفته است.

سیاق اول: آیه ۱ تا ۱۲

یس ﴿۱﴾ وَ الْقرآن الْحَكيمِ ﴿۲﴾ إِنَّكَ لَمِنَ الْمُرْسَلينَ ﴿۳﴾ عَلى صِراطٍ مُسْتَقيمٍ ﴿۴﴾
تَنْزيلَ الْعَزيزِ الرَّحيمِ ﴿۵﴾ لِتُنْذِرَ قَوْماً ما أُنْذِرَ آباؤُهُمْ فَهُمْ غافِلُونَ ﴿۶﴾ لَقَدْ حَقَّ الْقَوْلُ
عَلى أَكْثَرِهِمْ فَهُمْ لا يُؤْمِنُونَ ﴿۷﴾ إِنَّا جَعَلْنا في أَعْناقِهِمْ أَغْلالاً فَهِيَ إِلَى الْأَذْقانِ
فَهُمْ مُقْمَحُونَ ﴿۸﴾ وَ جَعَلْنا مِنْ بَيْنِ أَيْديهِمْ سَدًّا وَ مِنْ خَلْفِهِمْ سَدًّا فَأَغْشَيْناهُمْ فَهُمْ
لا يُبْصِرُونَ ﴿۹﴾ وَ سَواءٌ عَلَيْهِمْ أَ أَنْذَرْتَهُمْ أَمْ لَمْ تُنْذِرْهُمْ لا يُؤْمِنُونَ ﴿۱۰﴾ إِنَّما تُنْذِرُ مَنِ
اتَّبَعَ الذِّكْرَ وَ خَشِيَ الرَّحْمنَ بِالْغَيْبِ فَبَشِّرْهُ بِمَغْفِرَةٍ وَ أَجْرٍ كَريمٍ ﴿۱۱﴾ إِنَّا نَحْنُ نُحْيِ
الْمَوْتى وَ نَكْتُبُ ما قَدَّمُوا وَ آثارَهُمْ وَ كُلَّ شَيْءٍ أَحْصَيْناهُ في إِمامٍ مُبينٍ ﴿۱۲﴾

فضای سخن

۱. «و سواء علیهم ءانذرتهم ام لم تنذرهم لا یومنون»: براساس این آیه رسول‌خدا صلی‌الله‌علیه‌وآله‌وسلم با کسانی روبه‌رو است که به شدّت اصرار بر کفر دارند تا جایی که انذار از عذاب الهی، دیگر برای آن‌ها تأثیر ندارد.

۲. «والقرآن الحکیم * انک لمن المرسلین * علی صراط مستقیم»:

الف) تأکید آیات بررسالت رسول‌خدا صلی‌الله‌علیه‌وآله‌وسلم نشان می‌دهد که رسالت الهی ایشان مورد انکار است.

ب) آنچه به آن قسم یاد می‌شود، باید عظمتی نزد مخاطب داشته باشد. در فضایی که مخاطبان، منکر قرآن و رسول‌خدا صلی‌الله‌علیه‌وآله‌وسلم هستند؛ قسم به «قرآن» برای تحت تأثیر قرار دادن ایشان نیست؛ بلکه این آیات، درصدد تأثیرگذاری بر شخص رسول‌خدا صلی‌الله‌علیه‌وآله‌وسلم است. معلوم می‌شود که فضای سنگین حاصل از انکار، مانع بزرگی پیش روی رسول‌خدا صلی‌الله‌علیه‌وآله‌وسلم در انجام مأموریت بزرگ الهی شده است. آیات خطاب به رسول‌خدا صلی‌الله‌علیه‌وآله‌وسلم با قسم به قرآن، رسالت او در صراط

مستقیم را تأکید می‌کند و این‌گونه اطمینان خاطر و ثبات قدم او برای عمل به مأموریت بزرگ الهی را می‌افزاید.

۳. «لِتُنْذِرَ قَوْماً ما أُنْذِرَ آباؤُهُمْ فَهُمْ غافِلُونَ * لَقَدْ حَقَّ الْقَوْلُ عَلى أَكْثَرِهِمْ فَهُمْ لا يُؤْمِنُونَ»؛ مراد از «قول» در این آیه، حکم قطعی به عذاب است؛[۱] بنابراین آیه ۷، اشاره به اکثریت مستحق عذاب از میان قومی دارد که رسول خدا ﷺ برای انذار ایشان فرستاده شده است. ایشان همان کسانی هستند که جریان انکار را در پیش گرفته‌اند. اکثریت بودن آن‌ها، فضای سنگین فشار بر علیه رسول جریان حق را باورپذیر می‌کند. وقتی اکثریت کسانی که برای انذار و هدایت آن‌ها فرستاده شدی تو را انکار کنند، راه حرکت سخت و ناهموار می‌شود.

مدتی است که رسول حق ﷺ با رسالت محکم قرآنی، انذارشان می‌دهد؛ اما اکثرشان، رسالت انذاری رسول خدا ﷺ با قرآن را به‌کلی انکار می‌کنند و بی‌اعتنا به انذارها، دست از ایمان به حق شسته‌اند. این فضای سنگین، گذشته از آنکه خود آن‌ها را هر روز از حقیقتی که باید به سوی آن بیایند دورتر می‌کند، مانع بزرگی در مقابل رسول خدا ﷺ برای پیشرَوی در انجام مأموریت بزرگ الهی شده است؛ چرا که موضع انکاری از سوی اکثریت، راه حرکت را سخت و ناهموار می‌کند.

سیر هدایتی

سیاق نخست سوره با حروف مقطّعه آغاز شده است:

یس ﴿۱﴾

یس

---

۱. علامه طباطبایی رحمه‌الله ذیل آیه، در تفسیرآن می‌نویسد: «و المراد بالقول الذي حق عليهم كلمة العذاب»؛ مراد از قولی که برای آن‌ها حتمی شده است، کلمه عذاب است.

حروف مقطعه، رموز قرآن کریم است که سخن‌ها در این باره بسیار گفته شده است. همه این سخن‌ها از جنس راه یافتن به معنایی از این رموز است. مخاطب عزیز می‌تواند با مراجعه به کتب معتبر تفسیر، از آنچه در این باره آمده است، باخبر شود.[۱]

بی‌شک کسی به اندازه رسول خدا ﷺ از معنای این رمز در ابتدای سخن باخبر نیست؛ بعد از اشاره رمزی، ادامه آیات، رسول خدا ﷺ را مخاطب قرار داده است؛ این بار با ذکر قسمی که بازهم بیش از هر مخاطب دیگری، عظمت و بزرگی آن را مهبط وحی یعنی رسول خدا ﷺ درک می‌کند:

وَ الْقُرْآنِ الْحَكِيمِ ﴿۲﴾

قسم به قرآن حکیم

«حکیم» اشاره به استحکام سخن قرآن و اتقان آن است؛[۲] آیات و سوره‌های قرآن کریم از آن جهت که از مبدأ یگانه وحی یعنی از سوی خدای حکیم فرستاده می‌شود، ریشه در حقیقتی محکم و ثابت دارد؛ مانند درختی که شاخه‌های آن گرچه از هم جداست اما با تنه‌ای یکپارچه، به ریشه‌ای محکم در دل زمین می‌رسد. آنچه سبب ثبات و استقامت شاخه‌ها در آسمان است، ریشه محکم در دل زمین است.

قسم به قرآن، با یادآوری اتقان و استحکام سخنانش، برای تأکید سخن مهمی است که از جمله حقایق محکم و ثابت این کتاب باعظمت است:

---

۱. به عنوان نمونه، حضرت علامه طباطبایی رحمه‌الله می‌فرمایند: حروف مقطعه رمزی بین خدا و رسول است؛ که با دقت در حروف مقطعه و محتوای این سوره‌ها متوجه می‌شویم سوره‌هایی که حروف مقطعه مشترک دارند از نظر محتوایی نیز به هم نزدیک هستند و می‌توان حدس زد این حروف، کدها و رمزهایی هستند که به محتوای سوره‌ها اشاره می‌کنند. (ر.ک: المیزان ج ۱۸، ص ۱۶).

۲. صاحب قاموس قرآن در معنای واژه «حکیم» می‌نویسد: «حکیم کسی است که کارها را استوار و محکم کند» (ج ۲، ص ۱۶۱)؛ گویا در این آیه قرآن به منزله انسانی حکیم به شمار آمده که در وظیفه خود یعنی سخن برای هدایت، کار را محکم و استوار انجام می‌دهد.

إِنَّكَ لَمِنَ الْمُرْسَلِينَ ﴿٣﴾

همانا تو قطعاً از فرستادگان هستی.

علاوه بر تأکید با قسم، تأکید با «إنّ»، جمله اسمیه و «لام» هم آمده تا بارها بر تأکید این حقیقت بیفزاید که بدون تردید تو از فرستادگان الهی هستی و این حقیقتی است که با انکارها و تکذیب‌ها از ریشه مستحکمش خارج نمی‌شود.

عَلَىٰ صِرَاطٍ مُسْتَقِيمٍ ﴿٤﴾

بر صراطی مستقیم

آیه ۴ خبر پر از تأکید آیه ۳ را ادامه داده تا به جنبه دیگری از این حقیقت بزرگ اشاره کند. آیه ۳ از حتمیت این حقیقت که رسول خدا صلی‌الله‌علیه‌وآله‌وسلم یکی از فرستاده شدگان الهی است سخن گفته و آیه ۴ متن و محتوای رسالت او را «صراط مستقیم» می‌نامد.

«صراط» به معنای راه است.[1] تنوین نکره در واژه «صراط» برای حکایت از عظمت این راه است و «مستقیم» اسم فاعل از مصدر «استقامت» است و به راهی اطلاق می‌شود که بر یک خط ثابت بدون پیچ و خم و انحراف است؛ راه حق از همین جهت، به این صفت، وصف شده است.[2] چنین راهی طبیعتاً، نزدیک‌ترین و بهترین راه برای رسیدن به مقصد سعادت است.

تو به‌عنوان رسول حق، بر «صراط مستقیم» یعنی نزدیک‌ترین و بهترین و تضمین‌شده‌ترین راه، استقرار یافته‌ای.

تَنْزِيلَ الْعَزِيزِ الرَّحِيمِ ﴿٥﴾

نازل شده عزیز رحیم است.

---

۱. ر.ک: قاموس، ج ۴، ص ۱۲۲.

۲. صاحب مفردات الفاظ القرآن الکریم، در مورد این واژه می‌نویسد: «الِاسْتِقَامَةُ يقال في الطريق الذي يكون على خطّ مستو و به شبّه طريق المحقّ.» (ص ۶۹۲)؛ استقامت در مورد راهی گفته می‌شود که بر یک خط مساوی و بدون انحراف کشیده شده و راه حق به چنین راهی تشبیه شده است.

آیه ۵، ادامه وصف همان راه مستقیمی است که در آیه ۴ از آن سخن به میان آمده است. این راه مستقیم، همان راهی است که به‌تدریج در قالب الفاظ و آیات قرآن، از سوی خدای «عزیزِ» «رحیم» نازل می‌شود. نه‌تنها اصل ارسال تو از سوی مبدأ یگانه عالَم است بلکه متن و محتوای رسالت تو نیز صراط مستقیمی است که خدای یگانه عالَم نازل می‌کند؛ خدایی که هم «عزیز» و هم «رحیم» است.

«عزیز»، از مصدر «عزّت» به معنای توانایی و قدرت است[1] و وصف قدرت برتر و شکست‌ناپذیری خدای متعالی است و «رحیم» صفت رحمت و مهربانی اوست؛ مقابله یا فرار هیچ‌کس از اراده خدا در ارسال فرستاده‌اش بر این صراط مستقیم، خدا را به عجز وانمی‌دارد و مغلوب نمی‌سازد و اوست که بر عقاب دشمنانش توانمند است. از سوی دیگر هیچ رحمتی از رحمت او بالاتر نیست و پذیرش راه حقی که او به دست رسولش فرستاده، بندگان را مشمول رحمت واسع او خواهد کرد.

تا این نقطه از آیات، مرحله اول در پاسخ به فضای پیش‌گفته گذشت. مرحله نخست، اطمینان‌افزایی و تقویت قلب رسول خدا ﷺ در ایمان هرچه بیشتر به حقانیت خود به‌عنوان فرستاده الهی و صدق و صحت مسیری است که مأمور به حرکت در آن شده است. آیه ۳، پاسخ محکم صاحب قرآن حکیم، به هر سخن بی‌اساسی در انکار اصل رسالت رسول خدا ﷺ است و آیه ۴ و ۵، رفع هر گمان بیهوده‌ای در انحراف رسول خدا ﷺ از مسیر حق است.

اکنون ادامه آیات با معرفی کسانی که رسول خدا ﷺ برای انذار ایشان آمده است، درواقع به یک سؤال پاسخ می‌دهد؛ اینکه وقتی رسول حقی از سوی پروردگار عالَم فرستاده شده و راه او بهترین و نزدیک‌ترین راه برای

---

۱. ر.ک: قاموس قرآن، ج ۴، ص ۳۲۸.

رسیدن به مقصد نهایی است، پس چه چیزی مانع از پذیرش و ایمان به اوست؟ چرا به جای ایمان به او، انکار و فرار دیده می‌شود؟

پاسخ، با بررسی مخاطبان این انذار روشن می‌شود؛ مشکل از فرستنده و فرستاده و مسیر نیست؛ مشکل از گیرنده است!

لِتُنْذِرَ قَوْماً ما أُنْذِرَ آباؤُهُمْ فَهُمْ غافِلُونَ ﴿٦﴾

تا انذار دهی قومی را که پدرانشان انذار نشدند پس ایشان غافلان‌اند.

آری وظیفه تو که بخشی از همان صراط مستقیم است، انذار یعنی خبر دادن و بیم‌دادن از عاقبتی سخت است.[1] انذار، حقیقتی پذیرفته و پسندیده است؛ هشدار دادن نسبت به عاقبت یک عمل، یک اخلاق ناپسند و یا یک اندیشه بد، امر نامتعارفی نیست؛ باید عاقبت‌های سخت را گوشزد کرد و هشدار داد. اتفاقاً باید از هشداردهنده که به‌موقع خبر از عاقبت سخت کاری می‌دهد، تشکّر کرد؛ این، حکم عقل سلیم در مقابل هشدار بجا و به‌موقع است.

خدای حکیم نیز بر همین اساس تو را بر صراط مستقیم، به سوی قومی خطاکار و بداندیش فرستاده تا ایشان را انذار دهی و از عاقبت آنچه در آن گرفتار شده‌اند، بترسانی و برهانی و راه درست را پیش روی ایشان بنمایانی؛ اما قومی که تو برای انذار ایشان فرستاده شدی، کسانی هستند که فاصله طولانی از انذاردهنده‌های پیشین، ایشان را در غفلتی سخت و خوابی سنگین فروبرده است: «ما أُنْذِرَ آباؤُهُمْ فَهُمْ غافِلُونَ» پیش از این‌ها که تو می‌گویی، انذارهای الهی به گوش ایشان نرسیده؛ حتّی پدران ایشان نیز انذار نشده‌اند. این آیه به دوره «فترت» یعنی دوران فاصله بین حضرت عیسی علیه‌السلام تا بعثت رسول گرامی اسلام صلی‌الله‌علیه‌وآله‌وسلم اشاره دارد؛ دورانی که پیامبری

---

۱. صاحب قاموس المحیط در معنای این واژه می‌نویسد: «إنذره: ...أعْلَمَهُ و حَذَّرَهُ و خَوَّفَهُ في إبْلَاغِهِ» (ج ۲، ص ۲۳۳)؛ او را انذار کرد، یعنی به او اعلام کرد و با رساندن پیامش، او را برحذر داشت و ترساند.

در آن مبعوث نگشته و بساط انذار وحیانی گسترده نبوده است.

لَقَدْ حَقَّ الْقَوْلُ عَلی أَکْثَرِهِمْ فَهُمْ لا یُؤْمِنُونَ ﴿۷﴾

به تحقیق قول بر اکثرشان محقق شد پس ایشان ایمان نمی‌آورند.

بنا بر آیه پیشین، باید فایده انذار این باشد که غفلت طولانی را از بین ببرد؛ اما گویا اکثر این مخاطبان بنایی برای خروج از این غفلت ندارند؛ ترجیح می‌دهند آنچه تو از عاقبت ایشان خبر می‌دهی را انکار کنند و این‌گونه خیال خود را از آن آسوده سازند؛ نه اینکه مثل هر انسان عاقلی با شنیدن عاقبت راه خطرناک خود، دست از خطا بردارند.

«لَقَدْ حَقَّ الْقَوْلُ عَلی أَکْثَرِهِمْ»، مراد از «قول» در این آیه، حکم قطعی به عذاب آن‌هاست. اصرار آن‌ها بر نپذیرفتن انذارها و فرار از ایمان، شمار فراوانی از ایشان را مستحق عذاب کرده و حجّت بر ایشان تمام شده است. دیگر انتظار رفتار عاقلانه و منطقی در برابر حقیقت از ایشان نمی‌رود؛ «فَهُمْ لا یُؤْمِنُونَ»، دیگر نباید منتظر ایمان چنین کسانی بود.

خدایی که در ابتدای امر، چنین رسولی را با برنامه‌ای روشن و وحیانی برای انذار این قوم فرستاده است، در این آیه از بسته شدن راه ایمان آن‌ها خبر می‌دهد. اصرار بر کفر و انکار و تکذیب و نافرمانی، از سوی خود منکران آغاز می‌شود و وقتی بالا می‌گیرد، روزنه‌های امید برای ایمان آن‌ها بسته می‌شود؛ آنجا که مسیر غلط انتخاب شده از سوی خود خطاکاران، پیش روی آن‌ها هموار می‌شود و آن‌قدر فاصله می‌گیرند که بازگشت ممکن نخواهد بود؛ آنجا که عذاب حتمیت می‌یابد و راه نجات بسته می‌شود.

آیات بعدی این وضعیت اسف‌بار را شرح داده است:

إِنَّا جَعَلْنا فِي أَعْناقِهِمْ أَغْلالاً فَهِيَ إِلَی الْأَذْقانِ فَهُمْ مُقْمَحُونَ ﴿۸﴾

همانا ما در گردن‌هایشان غل‌هایی قرار دادیم؛ پس آن غل‌ها تا چانه‌هاست؛ پس ایشان سر به بالا شدگان‌اند.

«اغلال»، جمع واژه «غُل» است؛ «غُل» طوقی است که به گردن بسته می‌شود.[1] «مقمحون»، از ریشه «قمح» به معنای بلند کردن سر است.[2]

آیه برای حکایت از وضعیت باطنی و حقیقی ایشان در مواجهه با انذارها، تصویر ظاهری و قابل لمسی از کیفر الهی ایشان ارائه داده است. در ظاهر خبری از زنجیر و غل نیست؛ اما درواقع آنچه باعث شده که دیگر هیچ انذاری برای ایشان اثرگذار نباشد، کیفر الهی در روی‌گردان کردن ایشان از حقیقت است؛ گویا غل‌ها و زنجیرها آن‌قدر بر گردن ایشان بسته شده که تا چانه بالا آمده و سر را بالا نگاه داشته است؛ آن‌ها از حق روی‌گردان شده‌اند.

همان‌طور که اشاره شد، سیره انذارناپذیری آن‌ها همواره تداوم داشته است؛ گویا با هر بار انذارناپذیری، حلقه‌ای بر حلقه‌های گردن ایشان افزوده شده و به‌تدریج از دیدن حقیقت روی‌گردان شده‌اند. وقتی این سیره ادامه می‌یابد، کیفر نیز شدیدتر می‌شود تا جایی که:

وَ جَعَلْنا مِنْ بَيْنِ أَيْديهِمْ سَدًّا وَ مِنْ خَلْفِهِمْ سَدًّا فَأَغْشَيْناهُمْ فَهُمْ لا يُبْصِرُونَ ﴿٩﴾

و ما از پیش روی آنان سدی و از پشت سرشان سدی قرار دادیم؛ پس ایشان را پوشاندیم، پس آنان نمی‌بینند.

پیش از این، سر با غل‌های تا چانه‌رسیده بالا رفته بود و دیگر از دیدن حقیقت روی‌گردان شده بود؛ از این پس نیز سدّی از پیش رو و سدّی از پشت سر برای آن‌ها قرار داده شد تا به‌کلی دامنه دید آن‌ها محدود شود؛ آن‌ها در پرده قرار گرفتند و پوشانده شدند؛ پس دیگر حق را نمی‌بینند.

نکته جالب این کیفر برای جماعت انذارناپذیر فراری که لحظه‌به‌لحظه دیدن حق برای آن‌ها ناممکن‌تر می‌شود، پوشانده شدن خود ایشان است.

---

۱. ر.ک: قاموس قرآن، ج ۵، ص ۱۱۶.

۲. صاحب قاموس قرآن در معنای این واژه می‌نویسد: «قمح: بلند کردن سر... اگر به گردن کسی زنجیر بپیچند تا به چانه‌اش برسد سرش قهراً بلند می‌شود و قدرت پائین آوردن آن را ندارد» (ج ۶، ص ۳۳).

آری، حق هرگز پوشیده نیست؛ حق روشن است؛ آنکه پوشانده شده، جماعتی هستند که رفته‌رفته در قفس خودساخته گرفتار شده‌اند؛ گویا در روشنایی آفتاب جهان‌افروز، پرده‌ای روی آن‌ها برگشته و همه جا را تاریک کرده باشد؛ روز است و هوا روشن؛ اما آن‌کس که در دام افتاده، در تاریکی گرفتار شده و از روشنایی روز بهره‌ای ندارد.

وَ سَواءٌ عَلَيْهِمْ أَ أَنْذَرْتَهُمْ أَمْ لَمْ تُنْذِرْهُمْ لا يُؤْمِنُونَ ﴿١٠﴾

و برایشان مساوی است چه انذارشان بدهی چه انذارشان ندهی، ایمان نمی‌آورند.

این آیه، نتیجه کیفر الهی برای انذارناپذیران را به تصریح بیان کرده است؛ آن‌ها در اثر اصرار خود بر انذارناپذیری، به‌تدریج گرفتار کیفر سخت الهی شده‌اند و اکنون دیگر از دیدن حقیقت بازداشته شده‌اند و ازاین‌رو انذار و عدم انذار، تفاوتی به حالشان ندارد؛ آن‌ها ایمان نمی‌آورند.

مشاهده این نتیجه برای اکثریت کسانی که رسول‌خدا صلی‌الله‌علیه‌وآله‌وسلم مأمور به انذار ایشان شده است، سؤالی جدّی را به دنبال دارد. اکثر کسانی که رسول‌خدا صلی‌الله‌علیه‌وآله‌وسلم برای انذار ایشان آمده، بهره‌ای جز اتمام حجّت با انذارها و تثبیت شدن وعده عذاب ندارند. آیا فایده رسالت انذاری رسول‌خدا صلی‌الله‌علیه‌وآله‌وسلم همین است که عدّه‌ای از آن روی‌گردان شوند و مستحق عذاب باشند؟

گویا آیه ۱۱ پاسخ به همین سؤال است:

إِنَّما تُنْذِرُ مَنِ اتَّبَعَ الذِّكْرَ وَ خَشِيَ الرَّحْمنَ بِالْغَيْبِ فَبَشِّرْهُ بِمَغْفِرَةٍ وَ أَجْرٍ كَرِيمٍ ﴿١١﴾

انذار می‌دهی فقط کسی را که از ذکر تبعیت کرد و به سبب ایمان به غیب از رحمان خشیت پیدا کرد پس او را به مغفرتی و اجری کریم بشارت بده.

روی دیگر سکه انذار، هرچند اندک، کسانی هستند که انذارها در ایشان کارساز می‌شود و مسیر ایمان را به سوی ایشان می‌گشاید؛ همان کسانی که از «ذکر» تبعیت می‌کنند.

«إِنَّما تُنْذِرُ مَنِ اتَّبَعَ الذِّكْرَ وَ خَشِيَ الرَّحْمنَ بِالْغَيْبِ»، مراد از «ذکر» در این آیه همان قرآنی است که از سوی خدای عزیزرحیم به‌عنوان محتوای رسالت انذاری رسول خدا ﷺ بر صراط مستقیم نازل شده است. ادامه آیه تبعیت از «ذکر» را در قالب خروجی و نتیجه آن تعریف کرده است؛ نتیجه تبعیت از ذکر، «خشیت» یعنی خوف از مقام پروردگار در دل انذارپذیران به سبب ایمان به «غیب» است؛ ایمان به وعیدهای نادیدنی که از سوی خدایی نادیدنی، برای سرایی نادیدنی وعده داده شده است.

«فَبَشِّرْهُ بِمَغْفِرَةٍ وَ أَجْرٍ كَرِيمٍ»، چنین کسانی مستحقّ بشارت به عاقبتی نیکو از سوی خدا هستند. حاصل مسیر انذارپذیری، بشارت به آمرزش و اجر گرامی از جانب خدا است. تنوین در واژه «مغفرةٍ» و «اجرٍ»، برای حکایت از عظمت این آمرزش و اجراست.

این بشارت با «فاء» به ماقبل وصل شده است؛ حرف «فاء» برای عطف با ترتیب است؛ یعنی اول انذار بعد بشارت؛ روی نخست رسول منذر برای همه مخاطبانش، انذاری است که پذیرش و تبعیت از آن و حرکت در راستای آن، بشارت به عاقبت نیکو را به دنبال دارد. آری رسول هم نذیر است و هم بشیر؛ و قرآن که محتوای سخن اوست، هم انذار دارد و هم تبشیر؛ اما این دو در عرض هم نیستند؛ تبشیر در طول انذار و نتیجه پذیرش آن است.

اینجاست که برای گروه دوم، هردو وصف خدای نازل‌کننده قرآن حکیم یعنی وصف «عزیز» و «رحیم» که آیه ۵ از آن خبر داده بود، تجلّی می‌یابد؛ پذیرش انذار او که یادآور عزّت او و لزوم بندگی و اطاعت اوست و تبشیر که خبر از نتیجه این بندگی در بهره‌مندی از رحمت اوست.

با این بیان، انذار، محور رسالت رسول خدا ﷺ در آغاز حرکت بر صراط مستقیم است؛ هم انذار برای اتمام حجّت و تثبیت کلمه عذاب نسبت به انذارناپذیران و هم انذار برای اهل تبعیت از قرآن که مسیر ایمان را می‌یابند و به آمرزش و اجر بزرگ الهی خواهند رسید.

از همین رو، آیه پایانی سیاق که ناظر به همه محتوای سیاق است، سخن را با بیان پشتوانه انذار به پایان رسانده است؛ پشتوانه انذار از عاقبت سخت روز قیامت، امکان زنده کردن مردگان و امکان محاسبه اعمال ایشان است؛ همان وصف قدرت و علمی که انذاردهنده از قیامت یعنی پروردگار عالم، در اوج این اوصاف است:

إِنَّا نَحْنُ نُحْيِ الْمَوْتى‏ وَ نَكْتُبُ ما قَدَّمُوا وَ آثارَهُمْ وَ كُلَّ شَيْ‏ءٍ أَحْصَيْناهُ في‏ إِمامٍ مُبينٍ ﴿۱۲﴾

همانا ما مردگان را زنده می‌کنیم و آنچه را که از پیش می‌فرستند و آثار آن‌ها را می‌نویسیم و همه‌چیز را در جلوداری آشکار احصاء کردیم.

استفاده از ضمیر متکلّم مع الغیر در «إنّا» (همانا ما ...)، برای حکایت از قدرت در تحقق این وعده است و «نحن» تأکید کلام را بالا می‌برد.

مرگ پایان همه‌چیز نیست؛ حتماً همه مردگان را دوباره زنده خواهیم کرد؛ نه به شکل اجسام ناشناسی که دوباره جان یافته باشند، بلکه هرکدام از آن‌ها را با پرونده‌ای جزئی و دقیق که معرّف آن‌هاست، زنده خواهیم کرد؛ پرونده‌ای که پیش روی آن‌ها به روشنی در حرکت است؛ پرونده‌ای که در آن، همه آنچه در دنیا از خود پیش فرستاده‌اند و همه آثاری را که از خود به جای گذاشته‌اند، با دقّت، ثبت و ضبط و کتابت و یک جا جمع‌آوری کرده‌ایم؛ آن‌ها به دنبال این پرونده حرکت می‌کنند؛ «إمام» در لغت به معنای پیشوایی است که به او اقتدا می‌کنند؛ اعم از اینکه این پیشوا یک شخص یا نامه اعمال و ... باشد.[1]

تفکیک به «ماقدّموا و آثارهم» یعنی همه آنچه پیش فرستاده‌اند و همه آنچه از خود به جا گذاشته‌اند؛ این تفکیک، حکایت از اوج ظرافت و دقّت در ثبت

---

۱. صاحب مفردات الفاظ القرآن الکریم در معنای این واژه می‌نویسد: «الْإِمَامُ: المؤتمّ به، إنسانا كأن يقتدى بقوله أو فعله، أو كتابا، أو غير ذلك محقّا كان أو مبطلا» (ص ۸۷)؛ امام آن کسی است که به آن در پیش رو اقتدا می‌شود؛ خواه انسان باشد که به قول او اقتدا شود؛ یا کتاب و غیرآن؛ و خواه حق باشد یا باطل؛ یعنی در معنای این واژه نه انسان بودن امام شرط است و نه حق بودن آن.

و ضبط این پرونده دارد؛ در این پرونده همه رفتار و گفتار و نیاتی که هرکس در دنیا در زمان حیات خود انجام داده و پیش از مرگ خود پیش فرستاده ثبت شده است؛ ولی به این اکتفا نشده است؛ چه بسیار رفتار و گفتاری از او که آثار و نتایج و تبعات آن بعد از مرگ او هنوز جاری و ساری بوده و بعد از رفتن او از دنیا، به پرونده او اضافه شده و در آن درج شده است؛ مانند سنّت‌های نیکو که از او به جا مانده باشد و یا بدعت‌های غلطی که ادامه راه انحرافی او بوده است.

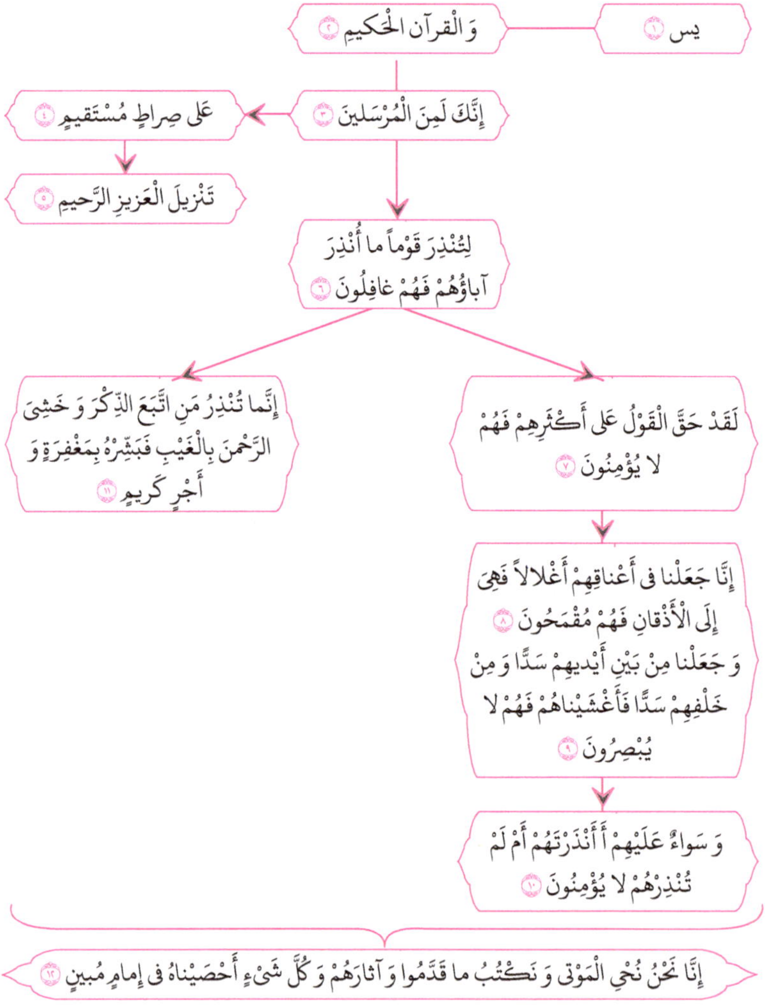

یس ﴿۱﴾

وَ الْقرآنِ الْحَكيمِ ﴿۲﴾

إِنَّكَ لَمِنَ الْمُرْسَلينَ ﴿۳﴾

عَلى صِراطٍ مُسْتَقيمٍ ﴿۴﴾

تَنْزيلَ الْعَزيزِ الرَّحيمِ ﴿۵﴾

لِتُنْذِرَ قَوْماً ما أُنْذِرَ آباؤُهُمْ فَهُمْ غافِلُونَ ﴿۶﴾

لَقَدْ حَقَّ الْقَوْلُ عَلى أَكْثَرِهِمْ فَهُمْ لا يُؤْمِنُونَ ﴿۷﴾

إِنَّا جَعَلْنا فى أَعْناقِهِمْ أَغْلالاً فَهِيَ إِلَى الْأَذْقانِ فَهُمْ مُقْمَحُونَ ﴿۸﴾ وَ جَعَلْنا مِنْ بَيْنِ أَيْديهِمْ سَدًّا وَ مِنْ خَلْفِهِمْ سَدًّا فَأَغْشَيْناهُمْ فَهُمْ لا يُبْصِرُونَ ﴿۹﴾

وَ سَواءٌ عَلَيْهِمْ أَأَنْذَرْتَهُمْ أَمْ لَمْ تُنْذِرْهُمْ لا يُؤْمِنُونَ ﴿۱۰﴾

إِنَّما تُنْذِرُ مَنِ اتَّبَعَ الذِّكْرَ وَ خَشِيَ الرَّحْمنَ بِالْغَيْبِ فَبَشِّرْهُ بِمَغْفِرَةٍ وَ أَجْرٍ كَريمٍ ﴿۱۱﴾

إِنَّا نَحْنُ نُحْيِ الْمَوْتى وَ نَكْتُبُ ما قَدَّمُوا وَ آثارَهُمْ وَ كُلَّ شَيْءٍ أَحْصَيْناهُ فى إِمامٍ مُبينٍ ﴿۱۲﴾

جهت هدایتی

آیات سیاق نخست، در سه دسته قابل بررسی است:

دسته اول، آیه ۱ تا ۶: خطاب به رسول خدا ﷺ، با قسم به قرآن حکیم، بر رسالت انذاری ایشان در راستای صراط مستقیم وحیانی تأکید می‌کند.

دسته دوم، آیه ۷ تا ۱۱: از انذارناپذیری اکثریت مخاطبان رسول خدا ﷺ سخن گفته و در مقام بیان علّت، به کیفر الهی در بستن چشم‌های ایشان به روی حقیقت اشاره می‌کند و در مقابل از اقلیت انذارپذیر سخن می‌گوید که به علّت تبعیت از قرآن کریم، به غیب ایمان آورده و از پروردگار عالم خشیت پیشه می‌کنند و از همین رو، به آمرزش و اجر گرامی بشارت داده می‌شوند.

دسته سوم، آیه ۱۲: از آنجا که محور بحث در دو دسته قبلی، انذار است، آیه ۱۲ به پشتوانه این انذار یعنی قدرت و علم الهی برای برپایی حساب و کتاب اشاره می‌کند.

روشن است که دسته سوم، تابعی از دو دسته قبلی و برای پشتیبانی از مفهوم انذار در این دو دسته است؛ بنابراین اصل سخن در دو دسته نخست سیاق آمده است. به بیانی که در سیر هدایتی گذشت، روی سخن در این آیات با رسول گرامی اسلام ﷺ است؛ از همین رو، جهت‌گیری هدایت آیات، تأکید بر رسالت انذاری و تبیینی روشن، از عکس‌العمل مخاطبان این رسالت، برای اطمینان خاطر و تثبیت قلب رسول گرامی اسلام ﷺ در تداوم این مسیر است.

اطمینان‌افزایی و تثبیت قلب پیامبر ﷺ برای ادامه راه رسالت انذاری

قسم به قرآن حکیم که تو فرستاده بر حق و بر صراط مستقیم، نازل شده از سوی پروردگار عزیز و رحیم هستی؛ برای انذار قوم غافلی که سابقه شنیدن انذارها را نداشته‌اند.

اکثریت انذارناپذیر تو را از ادامه راه رسالت باز ندارد؛ آن‌ها عذاب را برای خود حتمیت بخشیده‌اند و گرفتار کیفر الهی در بسته شدن چشم‌هایشان به روی حقیقت‌اند؛ در مقابل آن‌ها، اقلیت انذارپذیری هستند که به تبعیت از قرآن، اهل ایمان به غیب و خشیت از پروردگار عالم و مستحق بشارت‌اند.

سیاق دوم: آیه ۱۳ تا ۳۲

وَ اضْرِبْ لَهُمْ مَثَلاً أَصْحابَ الْقَرْيَةِ إِذْ جاءَهَا الْمُرْسَلُونَ ﴿۱۳﴾ إِذْ أَرْسَلْنا إِلَيْهِمُ
اثْنَيْنِ فَكَذَّبُوهُما فَعَزَّزْنا بِثالِثٍ فَقالُوا إِنَّا إِلَيْكُمْ مُرْسَلُونَ ﴿۱۴﴾ قالُوا ما أَنْتُمْ إِلاَّ
بَشَرٌ مِثْلُنا وَ ما أَنْزَلَ الرَّحْمنُ مِنْ شَيْءٍ إِنْ أَنْتُمْ إِلاَّ تَكْذِبُونَ ﴿۱۵﴾ قالُوا رَبُّنا يَعْلَمُ
إِنَّا إِلَيْكُمْ لَمُرْسَلُونَ ﴿۱۶﴾ وَ ما عَلَيْنا إِلاَّ الْبَلاغُ الْمُبِينُ ﴿۱۷﴾ قالُوا إِنَّا تَطَيَّرْنا بِكُمْ
لَئِنْ لَمْ تَنْتَهُوا لَنَرْجُمَنَّكُمْ وَ لَيَمَسَّنَّكُمْ مِنَّا عَذابٌ أَلِيمٌ ﴿۱۸﴾ قالُوا طائِرُكُمْ مَعَكُمْ
أَ إِنْ ذُكِّرْتُمْ بَلْ أَنْتُمْ قَوْمٌ مُسْرِفُونَ ﴿۱۹﴾ وَ جاءَ مِنْ أَقْصَا الْمَدِينَةِ رَجُلٌ يَسْعى قالَ
يا قَوْمِ اتَّبِعُوا الْمُرْسَلِينَ ﴿۲۰﴾ اتَّبِعُوا مَنْ لا يَسْئَلُكُمْ أَجْراً وَ هُمْ مُهْتَدُونَ ﴿۲۱﴾ وَ ما لِيَ
لا أَعْبُدُ الَّذِي فَطَرَنِي وَ إِلَيْهِ تُرْجَعُونَ ﴿۲۲﴾ أَ أَتَّخِذُ مِنْ دُونِهِ آلِهَةً إِنْ يُرِدْنِ الرَّحْمنُ
بِضُرٍّ لا تُغْنِ عَنِّي شَفاعَتُهُمْ شَيْئاً وَ لا يُنْقِذُونِ ﴿۲۳﴾ إِنِّي إِذاً لَفِي ضَلالٍ مُبِينٍ ﴿۲۴﴾
إِنِّي آمَنْتُ بِرَبِّكُمْ فَاسْمَعُونِ ﴿۲۵﴾ قِيلَ ادْخُلِ الْجَنَّةَ قالَ يا لَيْتَ قَوْمِي يَعْلَمُونَ ﴿۲۶﴾
بِما غَفَرَ لِي رَبِّي وَ جَعَلَنِي مِنَ الْمُكْرَمِينَ ﴿۲۷﴾ وَ ما أَنْزَلْنا عَلى قَوْمِهِ مِنْ بَعْدِهِ
مِنْ جُنْدٍ مِنَ السَّماءِ وَ ما كُنَّا مُنْزِلِينَ ﴿۲۸﴾ إِنْ كانَتْ إِلاَّ صَيْحَةً واحِدَةً فَإِذا هُمْ
خامِدُونَ ﴿۲۹﴾ يا حَسْرَةً عَلَى الْعِبادِ ما يَأْتِيهِمْ مِنْ رَسُولٍ إِلاَّ كانُوا بِهِ يَسْتَهْزِؤُنَ ﴿۳۰﴾
أَ لَمْ يَرَوْا كَمْ أَهْلَكْنا قَبْلَهُمْ مِنَ الْقُرُونِ أَنَّهُمْ إِلَيْهِمْ لا يَرْجِعُونَ ﴿۳۱﴾ وَ إِنْ كُلٌّ لَمَّا
جَمِيعٌ لَدَيْنا مُحْضَرُونَ ﴿۳۲﴾

فضای سخن

۱. «وَ اضْرِبْ لَهُمْ مَثَلاً أَصْحابَ الْقَرْيَةِ إِذْ جاءَهَا الْمُرْسَلُونَ»: ضمیر «هم» در این آیه به قوم مخاطب رسول خدا صلی‌الله‌علیه‌وآله‌وسلم در سیاق قبل بازمی‌گردد. بر اساس این آیه، حکایت جریانی که از ابتدای همین آیه آغاز شده، ضرب مثلی برای مخاطبان رسول خدا صلی‌الله‌علیه‌وآله‌وسلم است. از همین رو، ویژگی‌های این جریان مشابه، حاکی از همین ویژگی‌ها در قوم رسول خدا صلی‌الله‌علیه‌وآله‌وسلم است؛ یعنی آنچه خدا در وصف این جریان فرموده،

وصف قوم مخاطب رسول‌خدا ﷺ نیز هست؛ بر همین اساس می‌توان فضای سخن را با استناد به همین ویژگی‌ها فهمید.

2. «قالُوا ما أَنْتُمْ إِلاَّ بَشَرٌ مِثْلُنا وَ ما أَنْزَلَ الرَّحْمنُ مِنْ شَيْ‌ءٍ إِنْ أَنْتُمْ إِلاَّ تَكْذِبُونَ»؛ این آیه، حکایت از سخن مکذّبان داستان این سیاق است؛ هر سه جمله این آیه از زبان ایشان، حکایت از فضای سخن دارد:

الف) «ما أَنْتُمْ إِلاَّ بَشَرٌ مِثْلُنا»؛ این جمله مقدّمه انکار رابطه وحیانی و ویژه رسولان با پروردگار عالم است؛ به این بیان که شما چون بشری از جنس خود ما هستید، ممکن نیست که با عالم غیب در ارتباط باشید؛ چراکه هیچ بشری امکان برقراری ارتباط با عالم غیب را ندارد.

ب) «ما أَنْزَلَ الرَّحْمنُ مِنْ شَيْ‌ءٍ»؛ این جمله، انکار وحیانی بودن سخنان رسولان الهی است. مراد از سخنان رسولان الهی که وحیانی بودن آن انکار می‌شود، همان انذار از عذاب است؛ ازاین‌رو استفاده از عنوان «رحمن» در این انکار، بار معنایی دارد؛ مکذّبان می‌خواهند به رسولان الهی بگویند: خدایی که ما می‌شناسیم، رحمن است یعنی رحمت فراگیر دارد؛ بنابراین انذار از عذاب نمی‌تواند به او نسبت داده شود. «رحمن» صیغه مبالغه از ریشه «رحم» به معنای شدت رحمت و رحمت گسترده و فراگیر است.

ج) «إِنْ أَنْتُمْ إِلاَّ تَكْذِبُونَ»؛ این جمله نتیجه دو جمله قبلی از زبان مکذّبان به رسولان الهی است یعنی از آنجا که شما مانند ما بشر هستید و امکان ارتباط وحیانی با عالم غیب را ندارید و اصلاً چنین سخنانی نمی‌تواند از جانب خدای رحمن باشد، پس شما در انتساب این

سخنان به خدا، دروغ می‌گویید.

۳. «قالُوا إِنَّا تَطَيَّرْنا بِكُمْ لَئِنْ لَمْ تَنْتَهُوا لَنَرْجُمَنَّكُمْ وَ لَيَمَسَّنَّكُمْ مِنَّا عَذابٌ أَلِيمٌ»؛ این آیه نیز، حکایت از سخن مکذّبان داستان این سیاق است و دو بخش اصلی آن حکایت از فضای سخن دارد:

الف) «إِنَّا تَطَيَّرْنا بِكُمْ»؛ آن‌ها با این جمله، جنبه انذاری سخنان رسولان الهی را، شومی از جانب آن‌ها معرفی می‌کنند. اضافه شدن این جمله به سخنان قبلی ایشان، تکمیل نظر آن‌ها در مواجهه با رسولان الهی است؛ اینکه انذارها از جانب خدا نیست و تنها نشانه‌ای بر شومی و بدیمنی خود شماست که آن را به دروغ به خدا نسبت داده‌اید.

ب) «لَئِنْ لَمْ تَنْتَهُوا لَنَرْجُمَنَّكُمْ وَ لَيَمَسَّنَّكُمْ مِنَّا عَذابٌ أَلِيمٌ»؛ این جمله، تهدید صریح رسولان الهی به شکنجه و قتل در صورت دست برنداشتن از انذار است.

۴. «قالُوا طائِرُكُمْ مَعَكُمْ أَ إِنْ ذُكِّرْتُمْ بَلْ أَنْتُمْ قَوْمٌ مُسْرِفُونَ»؛ این آیه حکایت از پاسخ رسولان الهی به قوم مکذّب، بعد از اتهام شومی است. جمله «بَلْ أَنْتُمْ قَوْمٌ مُسْرِفُونَ»، خبر از اسراف‌کاری آن قوم در مقام ریشه‌یابی تهمت‌پراکنی‌های ایشان است. «اسراف» در لغت به معنای هرگونه تجاوز از حدّ است؛[1] مراد از «اسراف» به بیان مطلق، هرگونه جرم و گناه و نافرمانی از خدای عالم است که همگی، خروج از حدود بندگی است.

۵. «أَ أَتَّخِذُ مِنْ دُونِهِ آلِهَةً إِنْ يُرِدْنِ الرَّحْمنُ بِضُرٍّ لا تُغْنِ عَنِّي شَفاعَتُهُمْ شَيْئاً وَ لا يُنْقِذُونِ»؛ این آیه، حکایت از سخن انسانی حق‌جو است

---

۱. ر.ک: قاموس قرآن، ج ۳، ص ۲۵۷.

که در ادامه داستان نقل‌شده در این آیات، به یاری رسولان الهی شتافته و با مکذّبان احتجاج می‌کند؛ اشاره او در رد نگاه شرک‌آلود، نشان می‌دهد که مکذّبان، بر خلاف او، خدایان دیگری را برای خدا شریک قرار داده و به شفاعت آن‌ها امیدوار بودند.

۶. «یا حَسْرَةً عَلَى الْعِبادِ ما یَأْتیهِمْ مِنْ رَسُولٍ إِلاَّ کانُوا بِهِ یَسْتَهْزِؤُنَ»؛ بر اساس این آیه، سیره بندگان در مواجهه با رسولان الهی، استهزاء یعنی به سخره گرفتن رسالت انذاری ایشان است.

مکذّبان، رسالت انذاری رسول‌خدا صلی‌الله‌علیه‌وآله‌وسلم، را به سخره گرفته‌اند. سخت گرفتار گناه و نافرمانی از پروردگار عالم‌اند؛ و راه را بر نجات و هدایت خویش بسته‌اند. به بهانه بشر بودن پیامبر صلی‌الله‌علیه‌وآله‌وسلم، رابطه وحیانی او با عالم غیب را تکذیب می‌کنند و با استناد به رحمانیت خدا، انتساب هر خبر عذابی را به خدا زیر سؤال برده و رسول‌خدا صلی‌الله‌علیه‌وآله‌وسلم را به شومی متّهم می‌کنند. آن‌ها پا از تکذیب و لجاجت نیز فراتر گذاشته و رسول‌خدا صلی‌الله‌علیه‌وآله‌وسلم را تهدید می‌کنند که اگر دست از انذار برندارد، او را شکنجه خواهند داد و یا حتّی خواهند کشت.

سیر هدایتی

سیاق دوم، با فرمان ضرب مثل برای قوم انذارناپذیر آغاز شده است؛ حکایت کسانی که حال ایشان در مواجهه منکرانه با انذارها، مانند حال قوم رسول‌خدا صلی‌الله‌علیه‌وآله‌وسلم بوده است؛ مرور این جریان مشابه تا نقطه عقوبت الهی برای رفتارشان در مواجهه با حق، درس عبرتی است برای کسانی که همان راه را طی می‌کنند.

وَ اضْرِبْ لَهُمْ مَثَلاً أَصْحابَ الْقَرْیَةِ إِذْ جاءَهَا الْمُرْسَلُونَ ﴿۱۳﴾

و برای آنان اصحاب آبادی را مثال بزن آنگاه که فرستادگانی برایشان آمد.

تعبیر «ضرب مثل» برای حکایت ماجرای این قوم، بیشترین مشابهت بین

قوم رسول خدا صلی‌الله‌علیه‌وآله‌وسلم و ایشان را نشان می‌دهد؛ «مثل» هر چیز در بیان قرآن، بیشترین همخوانی و مشابهت را با آن دارد.

إِذْ أَرْسَلْنا إِلَيْهِمُ اثْنَيْنِ فَكَذَّبُوهُما فَعَزَّزْنا بِثالِثٍ فَقالُوا إِنَّا إِلَيْكُمْ مُرْسَلُونَ ﴿۱۴﴾

وقتی که ما دو نفر را به سوی آنان فرستادیم پس هردو نفرشان را تکذیب کردند پس با سومین نفر قدرت بخشیدیم پس گفتند همانا ما به سوی شما فرستاده‌شدگانیم.

«عزّزنا»، از مصدر «عزت» به معنای توانایی و قدرت است؛[۱] «عزّزنا» یعنی ایشان را تقویت کردیم.

فرستادن دو فرستاده الهی، خود نشان از شدّت اهتمام برای انذار قوم خطاکار و هدایت ایشان به صراط بندگی است و اضافه شدن رسول سوم، تشدید و تقویت مضاعف این تلاش است؛ تا بهانه کم‌گویی و کم‌کاری منذران باقی نماند و کسی به عذر واهی بی‌خبری از انذار، خود را مبرّا نداند.

هر سه فرستاده به وظیفه خود در انذار قوم پرداختند و یکدیگر را دراین‌باره یاری دادند؛ همه مکذّبان، حقیقت را شنیدند امّا مانند همه مکذّبان رسولان منذر در طول تاریخ، بهانه‌های دیگری دست و پا کردند تا سخن فرستاده‌های الهی را تکذیب کنند:

قالُوا ما أَنْتُمْ إِلاَّ بَشَرٌ مِثْلُنا وَ ما أَنْزَلَ الرَّحْمنُ مِنْ شَيْءٍ إِنْ أَنْتُمْ إِلاَّ تَكْذِبُونَ ﴿۱۵﴾

گفتند شما جز بشری مثل ما نیستید و رحمان هیچ‌چیزی نازل نکرده است؛ نیستید جز اینکه دروغ می‌گویید.

«قالُوا ما أَنْتُمْ إِلاَّ بَشَرٌ مِثْلُنا»، آن‌ها نیز مانند هر بهانه‌جوی دیگری همه نشانه‌های روشن را نادیده گرفتند و گفتند: شما بشری مانند ما هستید؛ چه کسی گفته که یک بشر می‌تواند نماینده خدا شود و از غیب خبر دهد؟ کجا بشر به عالم غیب دسترسی دارد تا این‌گونه، اخبار آن را بازگو کند؟

---

۱. ر.ک: قاموس قرآن، ج ۴، ص ۳۲۸.

«وَ ما أَنْزَلَ الرَّحْمنُ مِنْ شَيْءٍ إِنْ أَنْتُمْ إِلاَّ تَكْذِبُونَ»، گیریم که با غیب هم در ارتباط باشید، باز هم دروغ‌گو هستید؛ شما عذاب را به خدایی نسبت می‌دهید که «رحمن» است؛ خدایی که رحمتش فراگیر است و هرگز اهل عذاب نیست. او که این همه نعمت را در اختیار همه بندگانش قرار داده و دراین‌باره فرقی بین آن‌ها نگذاشته، هرگز ایشان را عذاب نخواهد کرد.

پاسخ این بهانه‌های تکراری، بارها و بارها در سوره‌های مختلف قرآن کریم آمده است؛

هم نسبت به بهانه بشر بودن رسولان منذر: اینکه خدا برای بشر، رسولانی از جنس خود آن‌ها فرستاده و از طریق وحی با ایشان ارتباط گرفته و معجزات را برای اثبات حقانیت آن‌ها به دست ایشان داده است؛ رسولی از جنس خودشان که او را ببینند و با او انس بگیرند و او را باور کنند.[1]

و هم نسبت به بهانه نسبت عذاب به خدای «رحمن»: اینکه خدای رحمن عالَم را بر اساس سنّت‌ها و قواعدی پایه‌ریزی کرده که هر عملی در آن عکس‌العمل دارد؛ گندم از گندم بروید جو از جو؛ اصلاح و مراقبت آبادی می‌آورد و فساد و تباه‌کاری، ویرانی؛ شخصی را فرض کنید که روی ساختمانی گلی آب بگیرد و وقتی به او بگویند که این ساختمان اگر خیس شود خراب می‌شود، پاسخ دهد که نه خیر! صاحب‌خانه مهربان است! هر عاقلی می‌داند که مهربانی صاحب‌خانه، ربطی به قاعده و رابطه بین گل و آب ندارد و این قاعده گل خشک است که با آب فرومی‌ریزد. صاحب این عالَم خدای رحمان است و همگان از نعمت‌هایش در دنیا بهره‌مند می‌شوند، او اراده‌اش

---

۱. مانند: «وَ قَالُواْ لَوْ لَا أُنزِلَ عَلَيْهِ مَلَكٌ وَ لَوْ أَنزَلْنَا مَلَكًا لَّقُضِىَ الْأَمْرُ ثُمَّ لَا يُنظَرُونَ (۸) وَ لَوْ جَعَلْنَاهُ مَلَكًا لَّجَعَلْنَاهُ رَجُلًا وَ لَلَبَسْنَا عَلَيْهِم مَّا يَلْبِسُونَ (۹)»؛ و گفتند: چرا بر او فرشته‌ای نازل نمی‌شود؛ اگر فرشته‌ای نازل می‌کردیم کار پایان می‌یافت و مهلت نمی‌یافتند. اگر فرستاده را فرشته‌ای می‌کردیم او را به صورت مردمی قرار می‌دادیم و آنچه را که خود خلط می‌کنند بر آن‌ها خلط می‌کردیم. (سوره انعام آیه ۸ و ۹ .ترجمه از تفسیر احسن الحدیث).

بر این تعلق گرفته که هرکس در دنیا تبعیت از رسولان منذر نکند، عذاب آخرت برایش محقق شود و هرکس تبعیت از رسولان منذر داشته باشد، مشمول رحمت ویژه خدا باشد؛[1]

اما در این سیاق از زبان رسولان منذر، پاسخ تفصیلی به این بهانه‌ها مطرح نشده است؛ نه از آن جهت که آن رسولان پاسخی برای آن نداشته‌اند؛ جواب این بهانه‌ها که روشن است؛ اما برای آن قوم، کار از پاسخ گذشته است؛ بهانه‌جویی در ردّ انذار، حرف آخر آن قوم بعد از انذار و احتجاج سه رسول پی‌درپی است؛ حرف آخری که بعد از آن، نوبت عذاب الهی فرامی‌رسد.

تنها دو جمله در پاسخ به رویکرد نهایی قوم از زبان رسولان الهی مطرح شده است؛ دو جمله‌ای که به خوبی نشان از اتمام حجّت برای قوم مکذّب دارد:

قَالُوا رَبُّنَا يَعْلَمُ إِنَّا إِلَيْكُمْ لَمُرْسَلُونَ ﴿١٦﴾

گفتند پروردگار ما می‌داند که همانا ما به سوی شما قطعاً فرستاده شدگانیم.

اینکه شما ما را به بهانه بشر بودن، تکذیب می‌کنید و رابطه ما با عالم غیب را انکار می‌کنید، حقیقت را تغییر نمی‌دهد و بهترین گواه بر رسالت ما، پروردگار ما است؛ اطمینان قلب و خاطر ما، علم او به رسالت حق ما و پشتیبانی او از ماست؛ تهمت و ناسزای شما ما را از باور راستین به رسالت حق دور نمی‌کند.

شاید این پاسخ، به بیان بهتری اهمیت تأکید آیات ابتدایی سوره بر رسالت رسول خدا ﷺ را نشان دهد؛ آنجا که خدای متعالی برای دلگرمی و اطمینان خاطر رسولش فرمود: «وَالْقُرْآنِ الْحَكِيمِ * إِنَّكَ لَمِنَ الْمُرْسَلِينَ»؛ سخنان ناروای مکذبان اثری ندارد؛ قسم به قرآن که تو فرستاده بر حق و بر صراط مستقیم هستی.

---

[1]. پاسخ تفصیلی به این شبهه در تدبّر سوره الرحمن (جلد ۲ از کتب تدبّر حزب مفصّل) و سوره ملک (ج ۴ از کتب تدبّر حزب مفصّل) آمده است.

وَ ما عَلَيْنا إِلاَّ الْبَلاغُ الْمُبينُ ﴿۱۷﴾

و بر ما جز ابلاغِ آشکار نیست.

مأموریت ما، ابلاغ روشن پیام‌های الهی برای هشدار و انذار قومی است که خطا می‌رود و به عذاب خود نزدیک و نزدیک‌تر می‌شود.

این سخن نیز به‌نوعی یادآور آیات ابتدایی سوره است؛ آنجا که بعد از تأکید بر رسالت رسول حق صلی‌الله‌علیه‌وآله‌وسلم، از استقرار او بر صراط مستقیم سخن گفته شد و تبیین شد که این صراط مستقیم، نازل‌شده از سوی خدای عزیز و رحیم است. او خود، فرستادگانش را برای ابلاغ پیام‌های روشنش به سوی مردم می‌فرستد و آنچه ایشان ابلاغ می‌کنند، چیزی جز جلوه‌های شکست‌ناپذیری او در مواجهه با مکذّبان و نافرمانان و جلوه‌های رحمت او برای اهل خشیت از پروردگار نیست.

قالُوا إِنَّا تَطَيَّرْنا بِكُمْ لَئِنْ لَمْ تَنْتَهُوا لَنَرْجُمَنَّكُمْ وَ لَيَمَسَّنَّكُمْ مِنَّا عَذابٌ أَليمٌ ﴿۱۸﴾

گفتند همانا ما شما را به فال بد می‌گیریم هرآینه اگر پایان ندهید حتماً شما را سنگسار می‌کنیم و حتماً از جانب ما به شما عذابی دردناک می‌رسد.

«تطیّرنا بکم»، اصطلاحی در نسبت دادن شومی و بدیمنی است. این سخن، تکمله نفی خبر عذاب از سوی خدای رحمن است؛[1] قوم مکذّب گفتند: خدای رحمن نیست که خبر عذاب فرستاده، بلکه شما شوم هستید و شومی شما، این چنین سخنانی را در خبر از عذاب پرورانده است.

آن‌ها به دنباله این سخن، رسولان الهی را به جرم هشدار و انذار و ابلاغ پیام‌های خدا، به سنگسار و شکنجه و عذاب تهدید کردند.

قالُوا طائِرُكُمْ مَعَكُمْ أَ إِنْ ذُكِّرْتُمْ بَلْ أَنْتُمْ قَوْمٌ مُسْرِفُونَ ﴿۱۹﴾

گفتند شومی شما با خودتان است،. آیا اگر تذکر داده شدید؟ بلکه شما

---

۱. صاحب قاموس قرآن در معنای این واژه می‌نویسد: «تطیّر: از باب تفعّل به معنی فال بد زدن است» (ج ۴، ص ۲۶۲).

قومی مسرف هستید.

این آیه به استفاده‌ای حکیمانه از اتّهام مکذّبان اشاره دارد؛ بله شومی هست اما نه از جانب فرستادگان الهی که برای نشان دادن راه حق، از اخبار حق سخن می‌گویند؛ بلکه از سوی خود مکذّبان!

«قالُوا طائِرُکُمْ مَعَکُمْ»؛ چیزی که جا دارد به آن فال بد بزنید همان چیزی است که با خودتان است؛ آن اعراضی که از حق دارید. شومی و بدیمنی همراه همیشگی کسی است که خطا می‌رود و راه خود را بر اصلاح می‌بندد؛ شوم، آن اندیشه، اخلاق و رفتار باطل و غلطی است که شما با خودتان همراه کردید.

آیه با سؤالی توبیخی سخن را از زبان رسولان منذر ادامه داده است: «أ إن ذکّرتم»؛ حال که حق برای شما یادآوری شده و فاصله خود از حقیقت‌های عالم را دریافته‌اید، چنین موضع می‌گیرید؟ آیا سزای تذکرداده‌شدن نسبت به عاقبت اندیشه و اخلاق و عمل بد، توهین و تحقیر و اتّهام شومی به دوستی است که شما را با حقیقت روبه‌رو ساخته!؟

«بل»، در مقام ریشه‌یابی استفاده می‌شود؛ پاسخ رسولان منذر در این آیه، این‌گونه پایان یافته که «بل أنتم قوم مسرفون»؛ حقیقت این نیست که ما رسولان شوم هستیم و اخبار ناگواری از خود ساخته‌ایم؛ بلکه شما ناشکری در برابر نعمت هدایت و لجاجت در مقابل حق روشنگر را از حد گذرانده‌اید که با این همه پیام روشن، سعی در فرافکنی دارید.

تا این نقطه از آیات سیاق دوم، خبر ارسال رسولان منذر و عکس‌العمل قوم در مقابل آن‌ها آمد؛ از آیه ۲۰ به بعد پرده دیگری از این داستان رونمایی می‌شود:

وَ جاءَ مِنْ أَقْصَا الْمَدینَةِ رَجُلٌ یَسْعی قالَ یا قَوْمِ اتَّبِعُوا الْمُرْسَلینَ ﴿۲۰﴾

و از دورترین نقطه شهر مردی شتابان آمد؛ گفت: ای قوم من! از فرستادگان تبعیت کنید.

«أقصا»، از ریشه «قصو» به معنای دوری است؛ این واژه اسم تفضیل از این ریشه به معنای دورترین است.[1]

در همان حالی که فشار اتهام و تهدید به سنگسار و شکنجه، رسولان منذر الهی را به سختی در محاصره قرار داده بود، مردی از دوردست شهر با شعار دعوت به تبعیت از رسولان منذر آمد.

اتَّبِعُوا مَنْ لا يَسْئَلُكُمْ أَجْراً وَ هُمْ مُهْتَدُونَ ﴿۲۱﴾

تبعیت کنید کسانی را که اجری از شما نمی‌خواهند و ایشان هدایت‌شدگان‌اند.

این سخن، اشاره به دو ویژگی مهم، برای ترغیب جماعت خواب‌آلوده به پذیرش سخن رسولان منذر است؛ ویژگی نخست اینکه، رسولان منذر «مَنْ لا يَسْئَلُكُمْ أَجْراً» هستند؛ یعنی در قبال ابلاغ پیام‌های روشن الهی، اجری از شما طلب نکرده‌اند! آیا این برای شما جای تعجّب نیست که عدّه‌ای بدون اینکه منفعتی برای خود در نظر داشته باشند، خود را آماج تهمت‌ها و تهدیدها کنند؟ آیا جز این است که حقیقتی بالاتر، آن‌ها را چنین پیگیر امر انذار و هدایت شما کرده است؟

ویژگی دوم، با ویژگی قبل، ارتباط مستقیم دارد؛ ازاین‌رو در جایگاه جمله حالیه نسبت به جمله قبل آمده است: «وَ هُمْ مُهْتَدُونَ»؛ درحالی‌که آن‌ها هدایت‌یافته به طریق حقّ‌اند؛ مسیر حق را پیموده و دیگران را نیز به آن دعوت می‌کنند؛ یعنی اینکه اجری طلب نمی‌کنند، در حالی نیست که به باطلی غیرقابل‌باور و غیروجدانی دعوت می‌کنند که شاید همین پذیرش را سخت کرده باشد؛ بلکه در حالی است که خود به حقیقتی وجدانی که شواهد فراوانی در نظام عالم دارد، هدایت یافته‌اند و دیگران را نیز به همین راه فرامی‌خوانند.

آیه بعدی سیاق، از زبان حامی رسولان منذر، شرح همین باور حقّ و

---

۱. ر.ک: قاموس قرآن، ج ۶، ص ۱۶.

وجدانی است که خود او آن را پذیرفته و قومش را به خاطر تکذیب آن مذمّت می‌کند:

وما لِيَ لا أَعْبُدُ الَّذي فَطَرَني وَ إِلَيْهِ تُرْجَعُونَ ﴿۲۲﴾

و مرا چه شده که نپرستم کسی را که مرا آفرید و به سوی او بازگردانده می‌شوید.

«فطرنی»، از ریشه «فطر» به معنای شکافتن است که به جهت تناسب آفرینش موجودات با شکافتن هسته اولیه خلقت آن‌ها، در معنای آفرینش نیز به کار می‌رود.[۱]

مگر رسولان الهی به چه باور عجیبی دعوت می‌کنند که این چنین با آن‌ها مقابله می‌کنید؟ مگر شما را به عبادت چه خدایی فراخوانده‌اند که از آن فرار می‌کنید؟ آن‌ها ما را به بندگی خدایی دعوت کرده‌اند که مبدأ و معاد عالم در دست اوست؛ چرا نپرستم خدایی را که بنیان وجود مرا او نهاده و من و همه شما روزی به سوی او بازخواهیم گشت؟

أَ أَتَّخِذُ مِنْ دُونِهِ آلِهَةً إِنْ يُرِدْنِ الرَّحْمنُ بِضُرٍّ لا تُغْنِ عَنِّي شَفاعَتُهُمْ شَيْئاً وَ لا يُنْقِذُونِ ﴿۲۳﴾

آیا جز او معبودانی بگیرم که اگر رحمان اراده ضرری کند شفاعت آن‌ها چیزی را از من برطرف نمی‌کند و مرا نجات نمی‌دهند.

ادامه سخن مرد مؤمن، در این آیه، درواقع نفی تکیه‌گاه‌هایی است که مکذّبان قوم به قدرت آن‌ها دل خوش کرده‌اند؛ مرد مؤمن، با این سؤال سخن خود را ادامه داده است: اگر به خدای رحمن ایمان نیاورم، چه خدایی را جایگزین او کنم؟ وقتی او خدای پدیدآورنده و بازگرداننده است، هیچ‌کس و چیز دیگری غیر از او یارای مقابله با اراده او را ندارد؛ آیا از من می‌خواهید که بندگی او را رها کنم و بندگی خدایانی را برگزینم که در صورت اراده ضرری از

---

۱. ر.ک: قاموس قرآن، ج ۵، ص ۱۹۳.

سوی خدای رحمن برای من، حتّی شفاعت و پادرمیانی آن‌ها سودی به حال من نخواهد داشت؟

اشاره مرد مؤمن به خدای «رحمن» و اراده «ضرر» از سوی خدا، پاسخی به شبهه قوم در نفی عذاب از خدا به بهانه رحمت اوست؛ مرد مؤمن، به جای سخن در مورد عذاب، بحث را به ضررهایی که در دنیا به انسان می‌رسد، بازگردانده؛ اولاً: اگر رحمانیت خدا، با هرگونه ناخوشایندی ناسازگار باشد، پس توجیه ضررها و مصائبی که در دنیا دامن‌گیر انسان‌ها می‌شود، چیست؟ و ثانیاً: اگر در همین دنیا، شفیعانی بتوانند مانع از عذاب باشند، چرا نمی‌توانند مانع از اراده خدا برای ضرر یا مصیبتی که به کسی می‌رسد باشند؟ دنیا دار ابتلا و امتحان و آخرت دار وعده و وعید است؛ در آینه ابتلائات دنیا می‌توان حقیقت امید واهی به تکیه‌گاه‌های خیالی برای نجات از عذاب وعده داده‌شده برای آخرت را دید.

ناگفته نماند که نفی تأثیرگذاری شفاعت خدایان، نفی هرگونه اثرگذاری دیگری که از آن‌ها توقع برود نیز هست؛ وقتی حتّی شفاعت آن‌ها اثری ندارد؛ یعنی به‌طریق اولی، کار بزرگ‌تر از شفاعت نیز نمی‌توانند انجام دهند.

إِنِّي إِذاً لَفِي ضَلالٍ مُبِينٍ ﴿٢٤﴾

در این صورت همانا من در گمراهی آشکاری خواهم بود.

گمراهی آشکار این است که کسی، خدایی را که آفریدگارش بوده و بازگشتش به سوی او خواهد بود، رها کند و دل‌خوش به یاری خدایانی باشد که هرگز یارای مقابله با اراده فائق و قاهر خدای عالم را ندارند.

إِنِّي آمَنْتُ بِرَبِّكُمْ فَاسْمَعُونِ ﴿٢٥﴾

همانا من به پروردگار شما ایمان آوردم پس مرا بشنوید.

اینجا بود که مرد مؤمن در مقابل قوم مکذّبش، رو به رسولان منذر کرد و با صدای رسا از ایمان خود به پروردگار آن‌ها خبر داد و از ایشان خواست که

سخن او در اقرار به ایمان را بشنوند. «فاسمعون» یعنی سخن مرا بشنوید. مراد از این درخواست، تأیید ایمان او بعد از احتجاجی است که با قوم خود کرد. تعبیر به «ربّکم»، برای روشن شدن مفهوم ایمان با همان توصیفی است که رسولان منذر از پروردگار عالم کرده‌اند؛ یعنی من به پروردگار، با همان وصف و تعریفی که شما ابلاغ کرده‌اید، ایمان آورده‌ام.

قِيلَ ادْخُلِ الْجَنَّةَ قالَ يا لَيْتَ قَوْمِي يَعْلَمُونَ ﴿٢٦﴾

گفته شد به بهشت داخل شو، گفت: ای کاش! قوم من علم می‌یافتند.

آیه ۲۶، از طنین صدایی که این مرد مؤمن را به بهشت فرامی‌خواند سخن گفته اما تصریح نکرده که بعد از سخنان او و اقرارش به ایمان چه بر سر او آمده که اکنون به بهشت دعوت می‌شود؛ اما با توجّه به اصرار و لجاجت و تهدیدهای قوم مکذّب و ائتلاف آن‌ها در مقابله با رسولان منذر، می‌توان برداشت کرد که این حمایت به قیمت جان مرد مؤمن تمام شده و قوم مکذّب، حمایت او از رسولان الهی را برنتافته و او را شهید کرده‌اند.

اکنون می‌توان تصوّر کرد که گویا تلاش او برای اقرار به ایمان و گرفتن تأیید از رسولان الهی، آخرین تلاش‌های او در آن لحظاتی بوده که قوم مکذّب، او را تا آستانه شهادت می‌بردند.

ادامه آیه، از سخن او بعد از طنین دعوت‌کننده به بهشت برین الهی سخن گفته است؛ ای‌کاش! قوم من می‌دانستند که من با ایمان به رسولان الهی به چه عاقبت شیرینی دست‌یافته‌ام:

بِما غَفَرَ لِي رَبِّي وَ جَعَلَنِي مِنَ الْمُكْرَمِينَ ﴿٢٧﴾

به آنچه پروردگارم برای من مغفرت کرد و مرا از گرامی داشته‌شدگان قرار داد.

ای‌کاش! قوم من می‌دانستند که پروردگار من، در ازای همان ایمان واپسین، مرا آمرزیده و بر من کرم کرده است. بار دیگر در این آیه از سیاق نیز، سخن سیاق قبلی در آیه ۱۱ یادآوری شده است؛ آنجا که بعد از خبر انذارپذیری اهل

خشیت از بشارت آن‌ها به مغفرت و اجر کریم الهی سخن گفته شد: «فَبَشِّرْهُ بِمَغْفِرَةٍ وَ أَجْرٍ کَریمٍ». آنچه مرد مؤمن بعد از ورود به بهشت برین الهی دیده و خدای حکیم از زبان او حکایت می‌کند، همین مغفرت و اجر کریمانه‌ای است که پاداش انذارپذیران اهل خشیت است.

وَ ما أَنْزَلْنا عَلی قَوْمِهِ مِنْ بَعْدِهِ مِنْ جُنْدٍ مِنَ السَّماءِ وَ ما کُنَّا مُنْزِلینَ ﴿۲۸﴾

و بعد از او هیچ سپاهی از آسمان بر قومش نفرستادیم و ما نازل‌کنندگان نبوده‌ایم.

آیه ۲۸، شروع بیان عاقبت قوم مکذّب، بعد از رفتاری است که با مرد مؤمن داشتند؛ اما قبل از بیان آنچه بر سر آن قوم آمده، به نکته حکیمانه‌ای اشاره دارد. در ابتدای آیه، فرستادن لشکر برای عذاب این قوم، نفی شده و در انتهای آیه، تعبیر «ما کنّا منزلین»، آمده است؛ با این تعبیر، به طور کلّی، لشکرکشی برای عذاب اقوام مکذّب، نفی شده تا معلوم شود که رویه پروردگار در مورد هیچ قوم مکذّبی این نیست که برای عذاب آن‌ها لشکری از ملائکه عذاب بفرستد: ما بعد از آنچه آن‌ها با مرد مؤمن کردند، سپاهی برای نابودی‌شان نفرستادیم و ما هرگز چنین نمی‌کنیم!

این مقدّمه برای حکایت از عذاب قوم مکذّب، به جهت توجّه دادن به قدرت پروردگار عالم، در صورت اراده عذاب است؛ برای بیداری مخاطبانی که ممکن است به قدرت خود یا هر عامل دیگری تکیه کرده‌اند و ازاین‌رو ابایی از تکذیب رسولان منذر ندارند. قدرت پروردگار عالم فائق بر هر قدرت دیگری است و هر قدرت دیگری نیز قدرتش را به اذن خدا دارد؛ ازاین‌رو اگر پروردگار عالم، عذاب قومی را اراده کرده باشد، به لشکر و سپاه نیازی نیست؛ چه اینکه در مورد قوم مکذّب این داستان نیز چنین نکرد.

إِنْ کانَتْ إِلاَّ صَیْحَةً واحِدَةً فَإِذا هُمْ خامِدُونَ ﴿۲۹﴾

جز یک فریاد نبود پس ناگهان آنان خاموش شدند.

«خامدون»، از ریشه «خمد» به معنای فرونشستن زبانه آتش است و در این آیه، کنایه از خاموشی دشمنی‌ها و هیاهوی خصمانه منکران در برابر حقیقت است.[۱]

آنچه بود، تنها یک فریاد سهمگین بود که به یک‌باره همه آن‌ها را خاموش کرد؛ آن همه هیاهو در مقابله با رسولان منذر و تهدید به قتل و شکنجه‌گری ساکت شد.

یا حَسْرَةً عَلَى الْعِبادِ ما یَأْتیهِمْ مِنْ رَسُولٍ إِلاَّ کانُوا بِهِ یَسْتَهْزِؤُن ﴿۳۰﴾

ای حسرت بر بندگان من؛ هیچ رسولی برایشان نیامد جز اینکه او را پیوسته مسخره می‌کردند.

آیه ۳۰، تنها ناظر به ماجرای مطرح‌شده از تکذیب رسولان منذر و عاقبت مکذّبان نیست؛ بلکه تتمه‌ای فراگیر در مورد تعامل بندگان با رسولان منذر در طول تاریخ است؛ تا نشان دهد، آنچه گذشته و آنچه هست، همواره برگزیدن همین رویکرد غلط در مواجهه با هشدارهای دلسوزانه رسولان منذر الهی است.

افسوس به حال بندگانی که خود را از نجات محروم کرده‌اند و چون بنایی برای پذیرش حق ندارند، در مواجهه با هر آنچه بیداری می‌آورد، تمسخر و استهزاء را پیشه کرده‌اند تا آن را جدّی نگیرند و به‌سادگی از کنار آن بگذرند.

اشاره به رویکرد «استهزاء» به جای کفر یا تکذیب و عناوین دیگر، برای نشان دادن این معضل فراگیر است که بیشتر بندگان به آن گرفتارند؛ این معضل فراگیر، به سخره گرفتن اخبار انذاری رسولان منذر است؛ معضلی که مقدّمه بی‌خیالی و تکذیب و بی‌مبالاتی در رفتار می‌شود؛ شاید از همین رو است که بار دیگر آیات، در پایان سیاق به نشانه‌ای روشن اشاره می‌کند که راه را بر سخره گرفتن خبر از عذاب الهی می‌بندد:

---

۱. ر.ک: قاموس قرآن، ج ۲، ص ۲۹۸.

أَلَمْ يَرَوْا كَمْ أَهْلَكْنا قَبْلَهُمْ مِنَ الْقُرُونِ أَنَّهُمْ إِلَيْهِمْ لا يَرْجِعُونَ ﴿٣١﴾

آیا ندیدند چه بسیار از نسل‌ها را پیش از ایشان هلاک کردیم؟ اینکه آنان به سویشان بازنمی‌گردند.

«قرون»، جمع واژه «قرن» است که یکی از موارد استعمال آن، در مورد قومی است که در زمان واحد در کنار هم زندگی می‌کنند.[1] و شاید از همین جهت، اشاره باشد به اکثریتی که مورد اتکای مکذّبان در طول تاریخ و در مواجهه با رسول خدا صلی‌الله‌علیه‌وآله‌وسلم بوده است.

آیا نمی‌بینند که پیش از آن‌ها چه بسیار از اقوامی را که مردمانش در کنار هم بودند، هلاک کردیم؟ اقوامی که دیگر بازگشتی به این دنیا نداشته‌اند تا این بار حقیقت را جدّی بگیرند؛ تا این بار به جای تمسخر رسولان منذر الهی، پای سخن آن‌ها بنشینند و با خشیت از پروردگار عالم، مسیر اطاعت را برگزینند؟

وَ إِنْ كُلٌّ لَمَّا جَمِيعٌ لَدَيْنا مُحْضَرُونَ ﴿٣٢﴾

و هیچ‌یک از ایشان نیست جز اینکه همه آن‌ها نزد ما حاضرشدگان‌اند.

آری، رفته‌اند و دیگر بازگشتی به این دنیا ندارند تا فرصت دوباره برای اصلاح بیابند؛ اما همگی با همین پرونده سیاه از تمسخر رسولان منذر الهی، در محضر پروردگار عالم حاضر خواهند شد.

جمع سخن دو آیه اخیر، بیان هدایتی تأثیرگذاری برای غنیمت شمردن فرصت در اصلاح رویکرد برای مواجهه با رسولان منذر الهی است؛ درس عبرت از عاقبت بندگان بسیاری که با جهل و گمراهی از دنیا رفتند و روزی برای حساب در محضر پروردگار عالم حاضر خواهند شد.

---

۱. صاحب مفردات الفاظ القرآن الکریم در معنای این آیه می‌نویسد: «الْقَرْنُ: القوم الْمُقْتَرِنُونَ في زمن واحد» (ص، ۶۶۷)؛ قرن قومی هستند که در زمان واحد در کنار هم (در مقارنت یکدیگر) زندگی می‌کنند.

وَ اضْرِبْ لَهُمْ مَثَلاً أَصْحابَ الْقَرْيَةِ إِذْ جاءَهَا الْمُرْسَلُونَ ﴿۱۳﴾

إِذْ أَرْسَلْنا إِلَيْهِمُ اثْنَيْنِ فَكَذَّبُوهُما فَعَزَّزْنا بِثالِثٍ فَقالُوا إِنَّا إِلَيْكُمْ مُرْسَلُونَ ﴿۱۴﴾

قالُوا ما أَنْتُمْ إِلاَّ بَشَرٌ مِثْلُنا وَ ما أَنْزَلَ الرَّحْمنُ مِنْ شَيْءٍ إِنْ أَنْتُمْ إِلاَّ تَكْذِبُونَ ﴿۱۵﴾

قالُوا رَبُّنا يَعْلَمُ إِنَّا إِلَيْكُمْ لَمُرْسَلُونَ ﴿۱۶﴾ وَ ما عَلَيْنا إِلاَّ الْبَلاغُ الْمُبِينُ ﴿۱۷﴾

قالُوا إِنَّا تَطَيَّرْنا بِكُمْ لَئِنْ لَمْ تَنْتَهُوا لَنَرْجُمَنَّكُمْ وَ لَيَمَسَّنَّكُمْ مِنَّا عَذابٌ أَلِيمٌ ﴿۱۸﴾

قالُوا طائِرُكُمْ مَعَكُمْ أَإِنْ ذُكِّرْتُمْ بَلْ أَنْتُمْ قَوْمٌ مُسْرِفُونَ ﴿۱۹﴾

وَ جاءَ مِنْ أَقْصَا الْمَدِينَةِ رَجُلٌ يَسْعى قالَ

يا قَوْمِ اتَّبِعُوا الْمُرْسَلِينَ ﴿۲۰﴾

اتَّبِعُوا مَنْ لا يَسْئَلُكُمْ أَجْراً وَ هُمْ مُهْتَدُونَ ﴿۲۱﴾

وَ ما لِيَ لا أَعْبُدُ الَّذِي فَطَرَنِي وَ إِلَيْهِ تُرْجَعُونَ ﴿۲۲﴾

أَ أَتَّخِذُ مِنْ دُونِهِ آلِهَةً إِنْ يُرِدْنِ الرَّحْمنُ بِضُرٍّ لا تُغْنِ عَنِّي
شَفاعَتُهُمْ شَيْئاً وَ لا يُنْقِذُونِ ﴿۲۳﴾ إِنِّي إِذاً لَفِي ضَلالٍ مُبِينٍ ﴿۲۴﴾

إِنِّي آمَنْتُ بِرَبِّكُمْ فَاسْمَعُونِ ﴿۲۵﴾

قِيلَ ادْخُلِ الْجَنَّةَ قالَ يا لَيْتَ قَوْمِي يَعْلَمُونَ ﴿۲۶﴾ بِما غَفَرَ لِي رَبِّي وَ جَعَلَنِي مِنَ الْمُكْرَمِينَ ﴿۲۷﴾

وَ ما أَنْزَلْنا عَلى قَوْمِهِ مِنْ بَعْدِهِ مِنْ جُنْدٍ مِنَ السَّماءِ وَ ما كُنَّا مُنْزِلِينَ ﴿۲۸﴾
إِنْ كانَتْ إِلاَّ صَيْحَةً واحِدَةً فَإِذا هُمْ خامِدُونَ ﴿۲۹﴾

يا حَسْرَةً عَلَى الْعِبادِ ما يَأْتِيهِمْ مِنْ رَسُولٍ إِلاَّ كانُوا بِهِ يَسْتَهْزِؤُنَ ﴿۳۰﴾

أَ لَمْ يَرَوْا كَمْ أَهْلَكْنا قَبْلَهُمْ مِنَ الْقُرُونِ أَنَّهُمْ إِلَيْهِمْ لا يَرْجِعُونَ ﴿۳۱﴾ وَ إِنْ كُلٌّ
لَمَّا جَمِيعٌ لَدَيْنا مُحْضَرُونَ ﴿۳۲﴾

جهت هدایتی

آیات این سیاق را در چهار دسته می‌توان بررسی کرد؛ سه دسته نخست، سه بخش اصلی ماجرای قومی است که به‌عنوان مثلی از رفتار قوم رسول خدا صلی‌الله‌علیه‌وآله‌وسلم در برابر ایشان مطرح شده است:

دسته اول، آیه ۱۳ تا ۱۹: ماجرای تکذیب و مقابله قوم مکذّب در برابر رسولان منذر را بیان کرده است؛

دسته دوم، آیه ۲۰ تا ۲۷: حکایت حمایت مرد مؤمن از رسولان منذر و سخنان او با قومش در دعوت ایشان به اطاعت و بندگی خدا و تبعیت از رسولان الهی است. این دسته به بیان عاقبت خوش این مرد بعد از حمایتش از رسولان الهی، ختم شده است؛

دسته سوم، آیه ۲۸ و ۲۹: از عذاب قوم مکذّب، بعد از مقابله با رسولان منذر و ایستادگی در برابر دعوت مرد مؤمن سخن گفته است.

دسته چهارم (پایانی) سیاق، آیه ۳۰ تا ۳۲: در بیانی فراگیر از رویکرد غلط بندگان در استهزای رسولان الهی سخن گفته و در مقام بازداری آن‌ها از این رویکرد غلط، به عاقبت گذشتگان استشهاد کرده است.

سه دسته نخست، هر سه ابعاد یک ماجرا را نشان داده است؛ ماجرایی که یک سوی آن اکثریت انذارناپذیری است که در مقابل رسولان منذر ایستاده و به ایشان تهمت زده و ایشان را تهدید می‌کنند و سوی دیگر آن اقلیت انذارپذیری است که خود حقیقت را دریافته و قوم خود را نیز به پذیرش حق فرامی‌خواند؛ دسته پایانی با بیان حسرت و افسوس در مورد رویکرد غلط بندگان در مواجهه با رسولان منذر، وزنه سخن از انذارناپذیران را در سیاق سنگین‌تر کرده و نشان می‌دهد که هرچند در این سیاق عاقبت اقلیت انذارپذیر مطرح شده، اما روی اصلی سخن، بیان مقابله با رویکرد اکثریت انذارناپذیر و دعوت ایشان به عبرت‌گیری از عذاب هم‌کیشان ایشان است؛ بر این اساس جهت هدایتی

سیاق به این بیان قابل ذکر است:

ضرب مثل از عاقبت سرسختی و تکذیب اکثریت در برابر رسالت انذاری پیامبران الهی

اکثریت انذارناپذیری که با رسولان منذر مقابله کردند، گرفتار عذاب الهی شدند.

انذارپذیرانی که از رسولان منذر تبعیت کردند، به بهشت برین رسیدند.

نکته:

ضرب مثل سیاق دوم، دقیقاً منطبق بر وضعیت مواجهه با انذار رسول خدا صلی الله علیه و آله و سلم در سیاق نخست است؛ سخن از اکثریت انذارناپذیر و اقلیت انذارپذیر در سیاق اول، در مثال سیاق دوم نمایان شده است؛ اکثریت انذارناپذیرِ مثال، مردمی هستند که با وجود فرستاده شدن سه رسول منذر، بنای پذیرش ندارند و با تهمت و تهدید با رسولان الهی مقابله می‌کنند و اقلیت انذارپذیر همان مرد مؤمنی است که به حمایت از رسولان منذر آمده است. همان طور که اقلیت انذارپذیر در سیاق قبل به مغفرت و اجر کریم بشارت داده شدند، مرد مؤمن این سیاق به مغفرت و اجر کریم دست یافته است.

سیاق سوم: آیه ۳۳ تا ۴۷

وَ آيَةٌ لَهُمُ الْأَرْضُ الْمَيْتَةُ أَحْيَيْناها وَ أَخْرَجْنا مِنْها حَبًّا فَمِنْهُ يَأْكُلُونَ ﴿۳۳﴾ وَ
جَعَلْنا فيها جَنَّاتٍ مِنْ نَخيلٍ وَ أَعْنابٍ وَ فَجَّرْنا فيها مِنَ الْعُيُونِ ﴿۳۴﴾ لِيَأْكُلُوا مِنْ
ثَمَرِهِ وَ ما عَمِلَتْهُ أَيْديهِمْ أَ فَلا يَشْكُرُونَ ﴿۳۵﴾ سُبْحانَ الَّذي خَلَقَ الْأَزْواجَ كُلَّها
مِمَّا تُنْبِتُ الْأَرْضُ وَ مِنْ أَنْفُسِهِمْ وَ مِمَّا لا يَعْلَمُونَ ﴿۳۶﴾ وَ آيَةٌ لَهُمُ اللَّيْلُ نَسْلَخُ
مِنْهُ النَّهارَ فَإِذا هُمْ مُظْلِمُونَ ﴿۳۷﴾ وَ الشَّمْسُ تَجْري لِمُسْتَقَرٍّ لَها ذلِكَ تَقْديرُ الْعَزيزِ

الْعَليمِ ﴿٣٨﴾ وَ الْقَمَرَ قَدَّرْناهُ مَنازِلَ حَتَّى عادَ كَالْعُرْجُونِ الْقَديمِ ﴿٣٩﴾ لاَ الشَّمْسُ يَنْبَغي
لَها أَنْ تُدْرِكَ الْقَمَرَ وَ لاَ اللَّيْلُ سابِقُ النَّهارِ وَ كُلٌّ في فَلَكٍ يَسْبَحُونَ ﴿٤٠﴾ وَ آيَةٌ لَهُمْ
أَنَّا حَمَلْنا ذُرِّيَّتَهُمْ فِي الْفُلْكِ الْمَشْحُونِ ﴿٤١﴾ وَ خَلَقْنا لَهُمْ مِنْ مِثْلِهِ ما يَرْكَبُونَ ﴿٤٢﴾
وَ إِنْ نَشَأْ نُغْرِقْهُمْ فَلا صَريخَ لَهُمْ وَ لا هُمْ يُنْقَذُونَ ﴿٤٣﴾ إِلاَّ رَحْمَةً مِنَّا وَ مَتاعاً إِلى
حينٍ ﴿٤٤﴾ وَ إِذا قيلَ لَهُمُ اتَّقُوا ما بَيْنَ أَيْديكُمْ وَ ما خَلْفَكُمْ لَعَلَّكُمْ تُرْحَمُونَ ﴿٤٥﴾ وَ ما
تَأْتيهِمْ مِنْ آيَةٍ مِنْ آياتِ رَبِّهِمْ إِلاَّ كانُوا عَنْها مُعْرِضينَ ﴿٤٦﴾ وَ إِذا قيلَ لَهُمْ أَنْفِقُوا
مِمَّا رَزَقَكُمُ اللهُ قالَ الَّذينَ كَفَرُوا لِلَّذينَ آمَنُوا أَ نُطْعِمُ مَنْ لَوْ يَشاءُ اللهُ أَطْعَمَهُ إِنْ
أَنْتُمْ إِلاَّ في ضَلالٍ مُبينٍ ﴿٤٧﴾

فضای سخن

۱. آیه ۳۳ تا ۴۴، با دو مقدّمه می‌تواند ما را در شناخت فضای سخن سیاق سوم یاری کند:

مقدمه نخست: با تکرار اسلوب «و آیة لهم ...»، به بیان نشانه‌هایی پرداخته که از مدیریت و تدبیر شئون عالم به دست خدای متعالی حکایت می‌کند؛ آنچه در اصطلاح، از آن با عنوان ربوبیّت یعنی پروردگاری خدا بر عالم تعبیر می‌شود. بیان سلسله‌وار آیاتِ دال بر ربوبیت خدا بر عالم، نشان از فضای ناباوری به ربوبیت خدا بر عالم در فضای سخن آیات این سیاق است.

مقدمه دوم: روی سخن بیان نشانه‌های ربوبیت خدا، با کسانی است که از آن‌ها با ضمیر «هم» در تکرار عبارت «و آیة لهم...» یاد شده است؛ مرجع این ضمیر در آیات سیاق قبل، مکذّبان رسالت انذاری هستند.

نتیجه: با اوصافی که گذشت، سیاق جدید، با مکذّبان رسالت انذاری، از آن جهت که ربوبیّت خدا بر عالم را باور ندارند، مواجه شده است.

۲. «وَ إِذا قيلَ لَهُمُ اتَّقُوا ما بَيْنَ أَيْديكُمْ وَ ما خَلْفَكُمْ لَعَلَّكُمْ تُرْحَمُونَ * وَ ما

تَأْتيهِمْ مِنْ آيَةٍ مِنْ آياتِ رَبِّهِمْ إِلاَّ كانُوا عَنْها مُعْرِضينَ»؛ آیه «و اذا قیل لهم اتقوا...» در خاتمه سیر بیان نشانه‌های ربوبیت قرار گرفته است؛ بر اساس این چینش، هدف نهایی از بیان نشانه‌های ربوبیت در سیاق، ایمان قلبی به ربوبیت خدا در عالم نیست؛ بلکه آیات به دنبال نتیجه عملی این ایمان، در قبول دعوت به تقوای الهی است؛ تقوا در عمل، حاصل حساب بردن از اراده الهی در عالم و نتیجه ایمان به مدیریت و پروردگاری خدا بر عالم است. آنچه این ادعای مستند به چینش آیات را تأیید می‌کند، آیه «و ما تأتیهم من آیه...» است؛ این آیه در مقام بیان عکس‌العمل آن‌ها نسبت به دعوت به تقوا، از اعراض آن‌ها نسبت به آیات و نشانه‌های فراوان پروردگار عالم سخن می‌گوید؛ وقتی فرار از دعوت به تقوا همان اعراض از نشانه‌ها باشد، معلوم می‌شود که بیان نشانه‌ها، با هدف ترغیب به قبول دعوت تقوا بوده است.

با این توضیح می‌توان فهمید، کسانی که آیات در مورد ایشان سخن می‌گفته، باوری به ربوبیت خدا در عالم نداشته و در عمل از خدا تقوا پیشه نمی‌کنند و به تعبیر دیگر از او حساب نمی‌برند.

۳. «وَ إِذا قيلَ لَهُمْ أَنْفِقُوا مِمَّا رَزَقَكُمُ اللهُ قالَ الَّذينَ كَفَرُوا لِلَّذينَ آمَنُوا أَ نُطْعِمُ مَنْ لَوْ يَشاءُ اللهُ أَطْعَمَهُ»؛ این آیه در ضمن حکایت از یک مجادله، به‌خوبی وضعیت اشخاص مورد نظر سیاق را نشان می‌دهد. آن‌ها در مقابل دعوت به انفاق، می‌گویند: آیا کسی را اطعام کنیم که اگر خدا می‌خواست، خودش او را اطعام می‌کرد؟

این سؤال، سؤالی جدلی برای نقض ربوبیّت خدا در عالم است؛ اگر خدایی که شما از او سخن می‌گویید و این‌چنین ما را به اطاعت از او دعوت می‌کنید، پروردگار و صاحب اختیار عالم است و باید از او حساب برد، چرا به جای دعوت از ما برای انفاق نیازمند، خودش اقدام نمی‌کند؟

بنابراین کسانی که آیات سیاق دوم از آن‌ها سخن می‌گوید، در تلاش‌اند تا با دست‌آویز قرار دادن دعوت به انفاق، ربوبیّت ادعاشده در بیان قرآن را نقض کنند.

فضای سخن آیات سیاق سوم، با توجّه به نسبت قرائن آن، این‌گونه است:

در دل باوری به ربوبیّت خدا در عالم ندارند و از همه نشانه‌های حق آن اعراض می‌کنند؛ از همین روست که در عمل نیز از او باکی ندارند و تقوا پیشه نمی‌کنند. برای مجادله با حق در این باره، دعوت به انفاق را بهانه قرار داده‌اند؛ در منطق آن‌ها کسی که خود ربِّ همه‌کاره و مدبِّر عالم باشد، نباید دیگران را به انفاق نیازمندان دعوت کند!

سیر هدایتی

شروع سیاق در فضای پیش‌گفته، با برشماری نشانه‌های روشن ربوبیّت است؛ نشانه‌هایی که دقّت در آن‌ها، پروردگاری قدرت برتر عالم را ثابت می‌کند:

وَ آيَةٌ لَهُمُ الْأَرْضُ الْمَيْتَةُ أَحْيَيْناها وَ أَخْرَجْنا مِنْها حَبًّا فَمِنْهُ يَأْكُلُونَ ﴿۳۳﴾

و نشانه‌ای است برای ایشان زمین مرده که آن را زنده کردیم و از آن دانه خارج کردیم پس از آن می‌خورند.

چه نشانه‌ای روشن‌تر و بزرگ‌تر از اینکه زمین مرده، هرساله زنده می‌شود و انواع دانه‌هایی که در دل آن پنهان شده، می‌روید و سر از زمین بیرون می‌آورد و چندین برابر حاصل می‌دهد!؟

تأکید بر «فَمِنْهُ يَأْكُلُونَ»، برای تذکّر به نزدیکی این نشانه به زندگی انسان است تا جایی که با خوراک انسان که مهم‌ترین نیاز انسان است، ارتباط مستقیم دارد؛ چگونه می‌توان این نشانه بزرگ را که با نیاز هر روزه یعنی خوردن در ارتباط است، نادیده گرفت؟

دانه‌های روییده‌شده خوردنی، یکی از برکات زمینی است که پروردگار عالم آن را بعد از مرگ زمستانه، در بهار زنده می‌کند؛ اما سخن در مورد این معجزه بزرگ هرساله، در اینجا خلاصه نمی‌شود:

وَ جَعَلْنا فیها جَنَّاتٍ مِنْ نَخیلٍ وَ أَعْنابٍ وَ فَجَّرْنا فیها مِنَ الْعُیُونِ ﴿۳۴﴾

و در آن باغ‌هایی از نخل‌ها و درختان انگور قرار دادیم و در آن از چشمه‌ها جوشاندیم.

«وَ جَعَلْنا فیها جَنَّاتٍ مِنْ نَخیلٍ وَ أَعْنابٍ»، باغ‌های درهم‌تنیده که از دل همین زمین روییده و قوام یافته و با زنده‌شدن دوباره زمین، دوباره جان گرفته را هم، پروردگار عالم در زمین قرار داده است.

باغ‌های متنوّعی که هرکدام جلوه زیبا و ظریفی از قدرت پروردگار عالم است و برخی شاید بیشتر از بقیّه، از تدبیر قدرتمندانه رزق و روزی انسان به دست خدا حکایت می‌کند؛ باغ نخل‌های سر به فلک کشیده که به قدرت الهی از دل زمین بیرون آمده و تا ارتفاع زیادی بالا رفته و در دسته‌های به‌هم‌پیوسته و منظم، شیرین‌ترین و خوش‌طعم‌ترین میوه‌ها یعنی خرما را به انسان‌ها ارزانی می‌کند و باغ درخت‌های کوتاه‌قد انگور که به تدبیر حکیمانه پروردگار عالم، از دل زمین روییده و خوشه‌های منظم را با رنگ‌ها و طعم‌های متفاوت و کوله‌باری از تنوّع در بهره‌مندی و خواص پربرکت به انسان‌ها هدیه داده است.

«وَ فَجَّرْنا فیها مِنَ الْعُیُونِ»، پروردگار عالم، در کنار این همه نعمت و تنوّع، دل زمین سخت را شکافته و چشمه‌ها از آن جاری ساخته است. او این همه را بستری فراهم قرار داده تا:

لِیَأْکُلُوا مِنْ ثَمَرِهِ وَ ما عَمِلَتْهُ أَیْدیهِمْ أَ فَلا یَشْکُرُونَ ﴿۳۵﴾

تا از ثمر آن و آنچه دست‌هایشان آن را به عمل آورده است بخورند؛ پس آیا شکر نمی‌کنند؟

«لِيَأْكُلُوا مِنْ ثَمَرِهِ»، پروردگار حکیم عالم، اجازه دخالت و حرکت برای بهره‌مندی بیشتر انسان‌ها از نعمات فراهم‌شده در روی زمین را داده تا انسان‌ها حاصل این همه نعمت و مزد رنج خود در بهره‌وری از آن را بخورند.

«وَ ما عَمِلَتْهُ أَيْدِيهِمْ»، پاسخ به سؤالی در ذهن هر مخاطبی است که بعد از شنیدن این آیات، با خود یادآور زحمات کشاورز و باغبان در پرورش زمین می‌شود و می‌پرسد: که آیا خود باغبان و کشاورز نقشی ندارند؟

بله، باغبان و کشاورز است که دانه را در جای مناسب در دل زمین کاشته و راه آب را برای رسیدن به آن فراهم کرده است؛ اما آیا او به زمین اجازه نفس‌کشیدن و زنده‌شدن داده و به دانه‌ها قدرت شکافته‌شدن و روییدن داده و به درختان قدرت میوه‌دادن با این همه تنوع داده و آب را از دل زمین جوشانده تا دانه و درخت تشنه نمانند؟

نشانه‌های ربوبیت خدا که در این آیات به آن‌ها اشاره شده، بدون دخالت انسان، توسط پروردگار عالم مدیریت شده تا بستر تلاش و بهره‌مندی انسان را فراهم کند؛ بماند اینکه خود این انسان، قدرت فکر و عمل را چگونه یافته تا بهره‌مندی خود را از برکات زمین بیشتر و بیشتر کند!؟

«أَفَلا يَشْكُرُونَ»؛ آیا انسان‌ها نمی‌خواهند در برابر این همه نعمت سرشار و بی‌دریغ، شاکر باشند؟ بدون شک مصداق بزرگ شکر در این آیات، ایمان به تدبیر مدبّر بزرگ و حکیم عالَم و اعتراف به بندگی او است؛ نعماتی که بدون آن‌ها مهم‌ترین نیاز انسان یعنی خوردن (فمنه یأکلون ـ لیأکلوا) میسّر نمی‌شد؛ نعماتی که هرساله با معجزه‌ای بزرگ همراه است تا انسان‌ها لزوم شکر در برابر قدرت برتر عالم را فراموش نکنند.

سُبْحانَ الَّذي خَلَقَ الْأَزْواجَ كُلَّها مِمَّا تُنْبِتُ الْأَرْضُ وَ مِنْ أَنْفُسِهِمْ وَ مِمَّا لا يَعْلَمُونَ ﴿۳۶﴾

پاک و منزه است کسی که ازواج، همه‌اش را از آنچه زمین می‌رویاند و از

خودشان و از آنچه علم ندارند، خلق کرد.

بیان نشانه‌های پروردگاری خدا در این آیه با تعبیر «سُبْحانَ الَّذي...» ادامه یافته است؛ اشاره به تسبیح بعد از بیان نشانه‌هایی که به لزوم شکر پروردگار ختم شده، یادآوری نکته‌ای مهم است؛ اینکه اندک توجهی به نشانه‌ها، اقرار به پروردگاری خدا و لزوم بندگی شاکرانه از او را به دنبال دارد؛ اما این خدا نیست که به این شکر و بندگی نیازمند است؛ او که خود همه این نعمات را به دست قدرتش تدبیر کرده، به هیچ‌کس و هیچ‌چیز نیاز ندارد؛ بلکه این بندگان هستند که با نصب خود در مقام بندگی شاکرانه، اقتضای مشاهده قدرت خدا در خلقت و مدیریت بستر زندگی خویش را به جا می‌آورند و در مسیری که به نفع عاقبت خودشان است قدم می‌گذارند.

بعد از تذکّر به نکته‌ای که از تسبیح در ابتدای این آیه، دانسته شد، اکنون می‌توان به نشانه‌ای که در این آیه به سیر نشانه‌ها اضافه شده دقّت کرد: «خَلَقَ الْأَزْواجَ كُلَّها مِمَّا تُنْبِتُ الْأَرْضُ وَ مِنْ أَنْفُسِهِمْ وَ مِمَّا لا يَعْلَمُونَ»، پاک و منزّه است پروردگاری که خالق ازواج است؛ «مما...» در ادامه این آیه، ترکیب «من» و «ما» است؛ «من» بیانیه که بر سر «ما» موصوله آمده تا در ادامه، اقسام خلقت ازواج در عالم را بیان کند؛ چه ازواج متنوّع و حیرت‌آوری که از دل زمین رویانده شده؛ چه ازواجی که از جنس خود مردم، مکمّل ویژگی‌های یکدیگرند؛ و چه ازواج دیگری در عالم خلقت که در دایره علم و مشاهده بینندگان نیست.

آیه در مقام بیان این نشانه، به سه نوع زوج در عالم اشاره کرده، اما هیچ‌کدام را توصیف نکرده است؛ چراکه به دنبال توجه دادن مخاطبان به اصل زوجیّت در عالم خلقت است؛ اصلی که سبب تداوم حیات در عالم خلقت گشته است؛ تداوم حیات در روییدنی‌هایی که بر اساس همین اصل، گسترش یافته و تکثیر شده‌اند، در خود انسان‌ها که با همین اصل

نسلشان ادامه یافته و در همه دیگر موجوداتی که انسان به قاعده زوجیّت در آن‌ها علم ندارد اما با تدبیر خدای حکیم براساس همین اصل بقاء یافته‌اند.

وَ آيَةٌ لَهُمُ اللَّيْلُ نَسْلَخُ مِنْهُ النَّهارَ فَإِذا هُمْ مُظْلِمُونَ ﴿۳۷﴾

و نشانه‌ای است برای آنان شب که روز را از آن می‌کَنیم، پس ناگهان ایشان تاریک شدگان‌اند.

نشانه روشن دیگر بر تدبیر عالم به دست قدرت برتر پروردگار، چرخش شب و روز است؛ آیه ۳۷ با بیانی حکیمانه که از اصل ماجرا در این باره پرده برمی‌دارد، به این نشانه بزرگ اشاره کرده است.

آنچه عاملی نیاز ندارد و خودش حاصلِ نبود منبعی نورانی است، شب است؛ ازاین‌رو اصل با شب است که حاکم بر عالم باشد و همه جا در دل آن تاریک بماند؛ آیه و نشانه روشن تدبیر خدا بر عالم این است که روز را به زمین ارزانی می‌دارد؛ خورشید جهان‌افروز در دل شب پدید می‌آید و زمین را روشن می‌کند؛ اما این نشانه بیشتر از زمانی که هست، آن زمان که نیست قابل درک است؛ مانند بسیاری از نعمت‌ها که وقتی نیستند، اهمیت آن‌ها درک می‌شود؛ ازاین‌رو آیه ۳۷ بیان نشانه را به لحظه‌ای متوجه ساخته که روز از دل شب کنده می‌شود و انسان‌ها در تاریکی قرار می‌گیرند و این‌گونه درک می‌کنند که آنچه تاکنون سبب روشنایی بستر زندگی ایشان بوده، مرحمتی بزرگ از جانب پروردگار عالم بوده که اکنون وقتی از دل شبِ حاکم برزمین، کنده شده، همه جا دوباره تاریک شده است.

«نسلخ» از ریشه «سلخ» به معنای کندن پوست حیوان است؛[1] این تعبیر برای جداشدن روز از شب، تعبیری زیبا است که نشان می‌دهد کندن روز، حقیقت زیرین آن یعنی تاریکی شب را هویدا می‌کند.

---

۱. صاحب مفردات الفاظ القرآن الکریم، در معنای این واژه می‌نویسد: «السَّلْخُ: نزع جلد الحیوان» (ص، ۴۱۵)؛ سلخ به معنای کندن پوست حیوان است.

وَ الشَّمْسُ تَجْري لِمُسْتَقَرٍّ لَها ذلِكَ تَقْديرُ الْعَزيزِ الْعَليمِ ﴿۳۸﴾

و خورشید تا قرارگاهی که برای اوست جاری می‌شود این تقدیر شکست‌ناپذیر علیم است.

به دنبال اشاره به شب و روز، آیه ۳۸ از خورشید سخن گفته است؛ خورشید که عامل روشنایی روز و نجات زمین از تاریکی مداوم شب است.

آیه ۳۸ به حرکت منظم خورشید در مدار تعیین‌شده‌اش اشاره می‌کند؛ اینکه خورشید تا نقطه رسیدن به جایگاهی که برای استقرار او تعیین شده در حرکت است، تقدیر خدای شکست‌ناپذیر دانا است؛ خدایی که از سویی نیاز عالم به خورشید را می‌داند که آن را در مداری منظم آفریده و حرکت داده و از سوی دیگر قدرت لایزال او سبب تحقق اراده‌اش در مورد خورشید شده و کسی را یارای مقابله با اراده او در این باره نیست.

خورشید، عامل روز است و حرکت منظم آن روز را برای زمین به ارمغان آورده است؛ اما رکن مهم دیگری که در این میدان ایفای نقش می‌کند و چراغ کم‌نورِ شبِ تاریکِ عالم می‌شود، ماه است که آیه بعد به تقدیر منظم آن به دست قدرت پروردگار عالم اشاره دارد:

وَ الْقَمَرَ قَدَّرْناهُ مَنازِلَ حَتَّى عادَ كَالْعُرْجُونِ الْقَديمِ ﴿۳۹﴾

و ماه را هم در منزلگاه‌ها، تقدیرش کردیم تا اینکه مانند شاخه خرمای قدیمی بازگشت.

ماه هم در حرکت منظّمی که به دست پروردگار عالم تقدیر شده در منزلگاه‌های مختلف سیر می‌کند و باز به نقطه آغاز حرکت بازمی‌گردد؛ حرکتی که از یک هلال آغاز می‌شود و تا قرص کامل پیش می‌رود و در سیر بازگشت، باز هم به همان اندازه که آیه آن را به شاخه کهنه درخت خرما تشبیه کرده می‌رسد. شاخه قدیمی که پس از جداشدن خرما، خشک و زرد

می‌شود و مانند هلال باریکی، سرآن به سمت تنه درخت بازمی‌گردد.[۱]

لاَ الشَّمْسُ یَنْبَغي لَها أَنْ تُدْرِكَ الْقَمَرَ وَ لاَ اللَّیْلُ سابِقُ النَّهارِ وَ كُلٌّ في فَلَكٍ یَسْبَحُونَ ﴿۴۰﴾

نه برای خورشید سزاوار است که ماه را درک کند و نه شب پیشی‌گیرنده بر روز است و همه در مداری شناورند.

بعد از بیان حرکت منظم و تقدیرشده خورشید و ماه در تناسب با چرخه شب و روز، آیه ۴۰ به نکته‌ای دقیق اشاره دارد؛ نکته‌ای که حکایت از اوج دقّت در تدبیر امر این پدیده‌هاست: «لاَ الشَّمْسُ یَنْبَغي لَها أَنْ تُدْرِكَ الْقَمَرَ وَ لاَ اللَّیْلُ سابِقُ النَّهارِ»، حرکت خورشید و ماه در پهنه آسمان بالای سرزمین، باهم تداخل ندارد و نظم هرکدام نظم دیگری را در هم نمی‌ریزد؛ به این نشانه که نه خورشید در حرکت خود به ماه می‌رسد تا نقش ماه را مخدوش کند و زودتر از موعد، شب را پایان برد و نه شب که بستر چراغ ماه است بر روز سبقت می‌گیرد. از آنجا که عامل روشنایی روز، خورشید است، منظور از سبقت نگرفتن شب بر روز، آن است که خورشید در انجام وظیفه خود در مداری که برای او تعیین شده عقب نمی‌افتد تا باعث پیشی‌گرفتن شب بر روز شود؛ «وَ كُلٌّ في فَلَكٍ یَسْبَحُونَ»؛ هرکدام از خورشید و ماه در مدار خود شناور شده و وظیفه تقدیرشده خود را انجام می‌دهد؛ این تقدیر حکیمانه، از نظم شب و روز و عدم تقدّم و تأخّر بی‌حساب هرکدام نسبت به دیگری قابل رؤیت است؛ هزاران هزار سال است که ذرّه‌ای خلل در حرکت خورشید و ماه به وجود نیامده و حرکت هرکدام در نهایت دقت تنظیم شده است و امروزه با ثانیه و صدم ثانیه، گردش ماه و خورشید را تا صدها سال آینده می‌توان پیش‌بینی کرد و از صدها سال گذشته می‌توان خبر داد. این نشانه

---

۱. صاحب قاموس قرآن در معنای واژه «عرجون» می‌نویسد: «این کلمه فقط یک‌بار در قرآن آمده است. عرجون: بند خوشه خرماست که بعد از قطع خوشه در درخت می‌ماند و پس از چندی خشکیده و کج شده مثل هلال می‌گردد و رنگش نیز زرد است» (ج ۴، ص ۳۱۵)

از بزرگ‌ترین نشانه‌های قابل‌مشاهده بشر برای اثبات وجود مدبّری قدرتمند و حکیم بالای سر عالم است.

وَآيَةٌ لَهُمْ أَنَّا حَمَلْنا ذُرِّيَتَهُمْ فِي الْفُلْكِ الْمَشْحُونِ ۝

و نشانه‌ای است برای ایشان اینکه ما ذریه آن‌ها را در کشتیِ پُر حمل کردیم.

«ذرّیّة»، در لغت و استعمال، تنها به اولاد و فرزندان اطلاق نمی‌شود؛ بلکه آباء و اجداد یعنی نسل پیشین انسان را نیز «ذرّیّة» می‌نامند.[1] مراد از «ذریة» آن‌ها که در این آیات، خدای متعالی به حملشان در کشتی لبریز اشاره دارد، آباء و اجداد آن‌ها و همه انسان‌ها است؛ آن‌ها که در واقعه عذاب قوم نوح علیه‌السلام بر کشتی سوار شدند و نجات یافتند. کشتی لبریز، همان کشتی نوح علیه‌السلام است که پر از زوج‌های حیوانات و گروهی از انسان‌ها شده بود که تنها باقیمانده‌ها برای تداوم نسل‌ها شدند.

یادآوری این نشانه، از دو جهت در این سیاق قرار گرفته است:

جهت اول، استشهاد همراه با تهدید ضمنی برای کسانی است که اکنون در مقابل رسالت انذاری رسول خدا ﷺ ایستاده و عذاب را نفی می‌کنند؛ حال آنکه خودشان نسل باقیمانده از کسانی هستند که از عذابی بزرگ نجات یافتند؛ اینکه اکنون چگونه می‌توانند، خبر عذاب را انکار کنند و سابقه خود را نادیده بگیرند.

---

۱. صاحب کتاب الطراز الأول، بعد از بیان معنای این واژه، به همین آیه اشاره کرده و در توضیح علّت استعمال واژه در مورد آباء توضیح می‌دهد: «الذُّرِّيَّةُ: نسلُ الثَّقلینِ وأولادُه...آباءَهُمُ الأقدمینَ وهم وذُرِّيَّاتُهُم فی أصلابِهم؛ سَمَّى الآباءَ ذُرِّيَّةً؛ لخَلْقِ الأولادِ منهم، کما سَمَّى الأولادَ ذُرِّيَّةً؛ لخلقِهِم من الآباء» (ج۱، ص۸۲)؛ «ذرّیة»، نسل آفریده شده از ثقلین (انسان و جن) و اولاد آن‌ها هستند... در اینجا مراد از «ذریة» پدران پیشین ایشان است؛ و پدران از آن جهت به «ذریة» نام‌گذاری می‌شوند که اولاد از صلب ایشان آفریده می‌شوند و به فرزندان نیز از آن جهت «ذریة» گفته می‌شود که از صلب پدرانشان آفریده شدند.

جهت دوم، ادامه سیر بیان نشانه‌های پروردگاری خدا در عالم است که با وجود لبریز بودن آن کشتی، آن را بر روی امواج خروشان محافظت کرده و در آن میانه پرتلاطم، نجات داده است؛ این خود نشانه‌ای بزرگ در پرونده عالم است؛ نشانه‌ای بر تدبیر امر عالم به دست قدرت برتری که خود امواج خروشان و طوفان را پدید آورده و خود در دل این واقعه، برخی را نجات داده است.

آیه بعد، همین جهت از این نشانه را تداوم داده و به قدرت خدا در خلق کشتی‌ها برای حرکت انسان‌ها بر روی امواج دریا اشاره کرده است:

وَ خَلَقْنا لَهُمْ مِنْ مِثْلِهِ ما يَرْكَبُونَ ﴿۴۲﴾

و از مثل آن، برای ایشان، آنچه سوار می‌شوند خلق کردیم.

هرچند آیات در مقام اول، به کشتی‌ها اشاره دارد؛ اما توسعه در معنای آیه، هر مرکب دیگری را نیز که مانند کشتی در اختیار انسان‌ها قرار گرفته، شامل می‌شود؛ چه مرکب‌هایی که بی‌واسطه مخلوق خدا هستند مانند اسب و شتر و ... و چه مرکب‌هایی که انسان‌ها ساخته‌اند، مانند همین کشتی که باز هم خدا آن را مخلوق خود معرفی می‌کند؛ زیرا در همه آن‌ها نه‌تنها توانایی صناعت و اندیشه بهره‌مندی از آن را خدا به بشر ارزانی داشته، بلکه ویژگی‌هایی را که سبب بهره‌مندی از این ساخته‌ها شده، خدا در مواد اولیه آن‌ها و بستر حرکت آن‌ها نهادینه کرده است؛ این خدا بوده که اجازه داده تا مجموعه‌ای عظیم از چوب‌های به هم وصل‌شده با باری سنگین از انسان‌ها و حیوانات و ... بر روی آب باقی بماند و با قدرت بادها حرکت کند.

بنابراین تدبیر امر جابجایی بشر در عالم به دست خداست و این نشانه‌ای روشن بر پروردگاری خدا بر عالم است که از گذشته تاکنون، از کشتی تا غیر آن، به‌وضوح قابل مشاهده است؛ البته آن سابقه در مورد

نجات اجداد بشر بر روی کشتی و ویژگی حیرت‌انگیز آن در حمل بر روی آب، سبب شده که این نشانه از میان تمام این مصادیق برای استشهاد انتخاب شود. ادامه آیات باز هم ویژگی‌های دیگری را که سبب انتخاب این مصداق شده، روشن می‌کند:

وَ إِنْ نَشَأْ نُغْرِقْهُمْ فَلا صَرِيخَ لَهُمْ وَ لا هُمْ يُنْقَذُونَ ﴿٤٣﴾

و اگر بخواهیم غرقشان می‌کنیم، پس هیچ فریادرسی برایشان نیست و نه آنان نجات داده می‌شوند.

شاید در هیچ مصداق دیگری به این وضوح نتوان اذن و اراده الهی در حمل و نقل انسان و نجات او از غرق شدن را مشاهده کرد؛ اذن و اراده‌ای که هر زمان اگر تغییر یابد، همه ساکنان کشتی غرق می‌شوند و هیچ فریادرسی نمی‌تواند آن‌ها را از چنگ امواج خروشان دریا نجات دهد؛ این همان لحظه‌ای است که در مثال قرآن در آیات به آن اشاره شده است؛[1] لحظه‌ای که هر انسانی، هرچند مشرک، بر اساس فطرت خود، یادآور قدرت برتر معبود خویش می‌شود و او را صدا می‌زند. لحظه‌ای که گرفتاران در آن، با تمام وجود باور می‌کنند که جز پروردگار عالم کسی نمی‌تواند آن‌ها را نجات دهد:

إِلاَّ رَحْمَةً مِنَّا وَ مَتاعاً إِلى حِينٍ ﴿٤٤﴾

---

۱. سوره یونس آیه ۲۲: «هُوَ الَّذِی یُسَیرکم فِي الْبرو الْبَحْرِ حَتیَّ إِذَا کُنتُمْ فِي الْفُلْكِ وَ جَرَیْنَ بِهِم بِرِیحٍ طَیِّبَةٍ وَ فَرِحُواْ بِهَا جَاءَتهَا رِیحٌ عَاصِفٌ وَ جَاءَهُمُ الْمَوْجُ مِن کلِّ مَکاَنٍ وَ ظَنُّواْ أَنَّهمْ أُحِیطَ بِهِمْ دَعَوُاْ اللهَ مخلِصِینَ لَهُ الدِّینَ لَئن أَنجَیْتَنَا مِنْ هَذِهِ لَنَکُونَنَّ مِنَ الشَّاکِرِینَ»؛ «او همان است که شما را در خشکی و دریا راه می‌برد تا آن دم که در کشتی‌ها نشستید و آن‌ها را با باد مطبوع راه بردند و از آن شاد شدند باد تندی بر آن‌ها وزیدن گرفت و موج از هر مکان بر آن‌ها آمد و احساس کردند که با بلا محاط شده‌اند، خدا را در حالی خواستند که بندگی را خاص او می‌دانستند که اگر از این شدت نجاتمان دهی حتماً از شکرگزاران خواهیم بود. (ترجمه از تفسیر احسن الحدیث)». سوره عنکبوت آیه ۶۵: «فَإِذَا رَکِبُواْ فِي الْفُلْكِ دَعَوُاْ اللهَ مخلِصِینَ لَهُ الدِّینَ فَلَمَّا نجّاهُمْ إِلیَ الْبرِّ إِذَا هُمْ یُشْرِکُونَ»؛ «چون به کشتی سوار شوند، خدا را می‌خوانند حال آنکه بندگی را برای او خالص کرده‌اند و چون به خشکی نجاتشان داد آنگاه مشرك می‌شوند. (ترجمه از تفسیر احسن الحدیث)».

مگر رحمتی از جانب ما و بهره‌ای تا سرآمدی معین.

کسی از غرق‌شدگان نجات نمی‌یابد، مگر اینکه مشمول رحمتی از جانب پروردگار شود و فرصتی دوباره تا سرآمدی معین بگیرد. هرچند که در همان مثال قرآنی، می‌فرماید که انسان فراموش‌کار بعد از نجات، باور فطری خود را فراموش می‌کند و از فرصت داده شده بهره نمی‌برد.

تا این نقطه از سیاق، سه دسته از آیات، نشانه‌های روشن پروردگار خدا در عالم را حکایت کرده‌اند:

دسته نخست، بیان احیای زمین مرده به دست قدرت پروردگار عالم برای تأمین خوراک بشر است.

دسته دوم، بیان مدیریت منظم پروردگار عالم نسبت به شب و روز و خورشید و ماه برای تقدیر زمان زندگی انسان است.

دسته سوم، بیان آفرینش و مدیریت مرکب‌ها به دست قدرت پروردگار، برای تدبیر امر حمل و نقل بشر به‌ویژه در نشانه روشن کشتی‌هاست.

این همه نشانه روشن، برای باور به پروردگار یکتای عالم که تدبیر مهم‌ترین نیازهای مرتبط با زندگی بشر را در دست دارد، کافی است؛ اما همان‌طور که در فضای سخن سیاق به آن اشاره شد؛ روی سخن این آیات با کسانی است که به رسالت انذاری کافر شده‌اند. کفر آن‌ها به رسالت انذاری و انکار وعده‌های عذاب از جانب پروردگار عالم، روی دیگر سکه کفر آن‌ها به پروردگار مدبّر عالم است؛ به تعبیر دیگر، آنچه باعث می‌شود که با جرأت سینه سپر کنند و وعده عذاب را به سخره بگیرند و به آن بی‌اعتنا باشند، کفر به قدرت پروردگاری است که هر لحظه می‌تواند ایشان را عذاب کند؛ پروردگاری که کافی است نظم و تدبیر موجود در چرخه کاشت و برداشت از زمین را متوقف کند تا خوراکی برای زنده ماندن بشر باقی نماند؛ پروردگاری که کافی است به ماه و خورشید امر کند تا از چرخه خود خارج شوند تا بستر

زندگی بشر مختل شود و پروردگاری که اگر اراده او نباشد، کشتی بر روی آب مستقر نمی‌ماند و ساکنان کشتی در امواج خروشان دریا غرق می‌شوند؛ این قدرت برتری که در دست انسان‌ها نیست، به‌وضوح قابل درک و لمس است؛ پس کافران به رسالت انذاری، در حقیقت خدا را به پروردگاری عالم نپذیرفته‌اند که از این وعده‌ها، حساب نمی‌برند.

انذار از عذاب، واسطه‌ای در میان باور به پروردگاری خدا در عالم و لزوم اطاعت از او در مقام عمل است؛ وقتی کسی پروردگار عالم را شناخت و به او ایمان آورد یعنی فهمید که تدبیرکننده امر عالم چه کسی است، خود را در عمل ملزم به رعایت فرمان او و محافظت از هرگونه نافرمانی و تخطی از او می‌داند تا گرفتار اراده عذاب او که قطعاً محقق خواهد شد، نباشد؛ این همان تقوا است که ادامه آیات سیاق به تلازم آن با باور روشن به پروردگاری خدا در عالم اشاره کرده است؛ آنجا که ایمان به تدبیرتکوینی، لزوم عمل به برنامه تشریعی را می‌طلبد؛ اما:

وَ إِذا قيلَ لَهُمُ اتَّقُوا ما بَيْنَ أَيْديكُمْ وَ ما خَلْفَكُمْ لَعَلَّكُمْ تُرْحَمُونَ ﴿٤٥﴾

و هرگاه به آنان گفته شود از آنچه پیش رو و پشت سرشماست تقوا پیشه کنید شاید مشمول رحمت الهی شوید.

لازمه اقرار به پروردگاری خدا در عالم، رعایت تقوا در عمل است؛ تقوا، حاصل حساب بردن از پروردگار یکتای عالم و راه نجات از گرفتاری به سخط اوست؛ ویژگی تقوای کامل آن است که هم ناظر به پیش رو، برای مراقبت از گرفتاری در دامن نافرمانی است و هم ناظر به گذشته، برای مراقبت از سابقه فرمان‌برداری و یا جبران خطاهای سخط‌آور پیشین است؛ اما وقتی کافران به ربوبیت که رسالت انذاری را نیز انکار می‌کنند، با فرمان تقوا، برای نجات خویش از عذاب الهی و نام‌نویسی در زمره رحمت‌شدگان، مواجه می‌شوند:

وَ ما تَأْتیهِمْ مِنْ آیَةٍ مِنْ آیاتِ رَبِّهِمْ إِلاَّ کانُوا عَنْها مُعْرِضینَ ﴿٤٦﴾

و هیچ آیه‌ای از آیات پروردگارشان برایشان نمی‌آید مگر اینکه از آن روی‌گردان شوندگان‌اند.

جمله شرطیه در آیه ۴۵، جواب می‌خواهد؛ اما جوابی برای آن شرط نیامده و آیه ۴۶، در جایگاه جواب نشسته است؛ یعنی درست در آنجایی که باید از عکس‌العمل آن‌ها هنگامی که به تقوا فرمان داده می‌شوند، سخن گفته می‌شد، آیه ۴۶ از سیره اعراض آن‌ها نسبت به همه نشانه‌های پروردگاری خدا در عالم، سخن گفته است.

این چینش حکیمانه در آیات، برای تثبیت یک حقیقت است؛ اینکه عکس‌العمل آن‌ها در مقابل فرمان تقوای پروردگار، نتیجه رویکرد آن‌ها در برابر نشانه‌های پروردگار خدا در عالم است؛ کسی که نشانه‌های پروردگار خدا در عالم را نبیند و از این راه به پروردگاری خدا در عالم اقرار نکند، معلوم است که از پروردگار عالم حساب نخواهد برد و لزومی در رعایت تقوای پروردگار نخواهد دید.

در فضای سخن سیاق اشاره شد که مسئله مهم سیاق، عکس‌العمل کافران رسالت انذاری در برابر فرمان انفاق است؛ آن‌ها دعوت به انفاق را بهانه انکار ادعای پروردگاری خدا بر عالم قرار داده و از پذیرش اعتقادی و عملی آن سر باز می‌زنند؛ آیات سیاق سوم، نخست سخن را از بیان جهت‌دار نشانه‌های پروردگاری خدا در عالم آغاز کرده و سپس لزوم تقوای در عمل را به آن ضمیمه می‌کند و در پایان به مصداق اصلی روی‌گردانی مخاطبان از ایمان به پروردگار عالم و قبول عمل به تقوا سخن می‌گوید؛ این مصداق اصلی، سر باز زدن از دعوت به انفاق است که نقطه بروز کفر به ربوبیت و فرار از تقوا است:

وَ إِذا قیلَ لَهُمْ أَنْفِقُوا مِمَّا رَزَقَکُمُ اللهُ قالَ الَّذینَ کَفَرُوا لِلَّذینَ آمَنُوا أَ نُطْعِمُ مَنْ

لَوْ يَشاءُ اللهُ أَطْعَمَهُ إِنْ أَنْتُمْ إِلاَّ في ضَلالٍ مُبينٍ ﴿٤٧﴾

و هنگامی که به آنان گفته شود انفاق کنید از آنچه خدا به شما روزی کرده؛ کافران به مؤمنان گویند: آیا کسی را اطعام کنیم که اگر خدا می‌خواست او را اطعام می‌کرد. شما نیستید مگر در گمراهی آشکار.

آن‌ها دستور انفاق را مخالف با باور به پروردگار عالم جلوه می‌دهند و مؤمنان اهل عمل به این دستور را گمراه می‌خوانند؛ آیا به کسانی اطعام کنیم که اگر خدا می‌خواست خودش ایشان را اطعام می‌کرد؟

این سؤال به خوبی رویکرد فکری و عملی آن‌ها را نشان می‌دهد؛ بازگردان این سؤال به دو توضیح زیر، می‌تواند جنبه طرح این سؤال را بیشتر مشخص کند:

الف) شما مؤمنین می‌گویید خدا پروردگار یکتای عالم است پس وقتی پروردگار است باید بتواند همه را اطعام کند، چرا به عدّه‌ای روزی نداده است و به من دستور می‌دهد که به ایشان انفاق کنم؟

ب) شما می‌گویید خدا پروردگار عالم است اگر او نخواسته که عدّه‌ای را اطعام کند، چرا من باید با انفاق بر خلاف خواسته او عمل کنم؟

با این دو سؤال، از نظر آن‌ها پروردگاری یکتای عالم، با دعوت به انفاق همخوانی ندارد؛ اما مثل همیشه در بیان قرآن کریم، آنچه موضع ابتلای عملی و جدایی ایمان و کفر حقیقی از یکدیگر است، انفاق در راه خداست. این بار هم دستور به انفاق، دست‌آویز فرار از باور به ربوبیّت شده تا به خیال خود با این فکر آسوده، از زندگی با فرامینی که آن‌ها را در بهره‌مندی از دنیا محدود می‌کند، نجات یابند.

غافل از اینکه پروردگار یکتای عالم، در مدیریت خود نسبت به عالم سهمی از اختیار را به بندگان داده تا آن‌ها را در دل‌بستگی به دنیا و لذت‌های آن بیازماید؛ پروردگار عالم با دستور انفاق، جامعه‌ای فعال در

تحقق اراده تشریعی خود را رقم می‌زند که در عمل به دستورات او بازوان اجرایی او در عالم می‌شوند و این‌گونه، هم ایمان خود را نشان می‌دهند و هم جلوی گسترش فقر و فاصله طبقاتی را می‌گیرند.

اکنون می‌توان به جهت‌گیری نشانه‌های ابتدای سیاق برای آماده‌سازی ذهن‌ها در جهت پاسخ به این شبهه پی برد:

آیاتی که از تدبیر پروردگار عالم برای تأمین خوراک بشر گفت، سهمی از دخالت انسان داشت؛ اما در راستای مهندسی پروردگارِ بی‌نیازی که امکان بهره‌مندی از نعمات را برای انسان‌ها فراهم ساخته است.

آنچه آیات از تدبیر پروردگار عالم برای نجات بشر از تاریکی سخن گفت، چرخه تکوینی تاریکی و روشنایی مادّی است؛ که یادآور نیاز بشر به روشنایی معنوی با عمل به تدبیر تشریعی خدا در عالم است.

آنچه آیات از تدبیر پروردگار عالم برای حمل و نقل آسان و با خیال آسوده بشر گفت، یادآور خطرات بزرگی است که بدون اذن و اراده الهی راهی برای نجات از آن وجود ندارد؛ و این تهدیدی بزرگ برای هرکسی است که از اراده چنین خدای قدرتمند صاحب اراده‌ای فرار کند.

از این میان، آنچه بیش از هر نشانه دیگری، با رویکرد آن‌ها در مورد دستور به انفاق در ارتباط است، نشانه نخست است؛ اینکه چرخه خوراک و روزی بشر تنها به دست پروردگار عالم است و دخالت انسان در این چرخه نباید توهّم استقلال در کسب این روزی را ایجاد کند؛ شاید از همین رو است که هشدار «سبحان الّذی..» با توضیحی که گذشت، ذیل نشانه نخست آمده تا جلوی توّهم نیاز پروردگار به دخالت انسان در تأمین چرخه خوراک را بگیرد. همان‌طور که در آن نشانه تکوینی، دست بشر دخالت یافته اما در حقیقت، امر به روشنی در دست خداست، در دستور تشریعی انفاق نیز، دست بشر دخیل می‌شود و این به معنای ضعف و ناتوانی پروردگار از اطعام

نیازمندان نیست؛ امر همواره در دست خداست و او اراده کرده که بندگان خود را در بستر پرهیزکارانه گذشتن از لذّات دنیا و جلب رضایت خویش، محک بزند.

آن‌کس که این حقایق را درک می‌کند و پروردگاری تکوینی خدا در عالم را می‌بیند، در مقابل اراده تشریعی این پروردگار تسلیم می‌شود و قدردان نعمت رسولان منذری است که با یادآوری عظمت و بزرگی خدای عالم و وعده‌های عذاب او برای نافرمانان، ایشان را از غفلت خارج می‌کنند و خشیت را به جای آن در دل‌ها می‌کارند؛ خشیتی که تقوا و تسلیم در برابر فرامین پروردگار را به ارمغان می‌آورد و زمینه‌ساز انفاق در راه خدا می‌شود. این غایت مهم، همان خصلتی است که از آن در اصطلاح به «توحید ربوبی» در باور و عمل تعبیر می‌شود؛ «توحید ربوبی»، یعنی ارتباط تنگاتنگ میان باور به پروردگاری خدای یکتا در عالم و لزوم بندگی و اطاعت از او در مقام عمل.

نکته

در توضیح تعبیر به شکر و ضمیمه شدن تسبیح به آن در آیات ابتدایی سیاق «أفلا یشکرون * سبحان الّذی...»، گذشت که مراد از شکر در این آیات، باور و عمل شاکرانه در برابر پروردگاری عالم است؛ البته با این توجه که پروردگار عالم نیازی به این بندگی شاکرانه ندارد و نفع آن تنها به خود انسان بازمی‌گردد؛ این بندگی شاکرانه همان توحید ربوبی در باور و عمل است که به‌عنوان غایت برشماری نشانه‌های پروردگار در سیاق سوم به آن پرداخته شده است؛ مهم‌ترین مصداق مورد ابتلا برای نشان‌دهنده توحید ربوبی و تسلیم در رفتار، انفاق است؛ جایی که مؤمن به توحید که بنا را بر فرمان‌برداری از پروردگار عالم گذاشته است، دل از دنیا می‌شوید و به فرمان پروردگارش انفاق می‌کند.

وَ آيَةٌ لَهُمُ الْأَرْضُ الْمَيْتَةُ أَحْيَيْناها وَ أَخْرَجْنا مِنْها حَبًّا فَمِنْهُ يَأْكُلُونَ ﴿۳۳﴾

وَ جَعَلْنا فيها جَنَّاتٍ مِنْ نَخيلٍ وَ أَعْنابٍ وَ فَجَّرْنا فيها مِنَ الْعُيُونِ ﴿۳۴﴾

لِيَأْكُلُوا مِنْ ثَمَرِهِ وَ ما عَمِلَتْهُ أَيْديهِمْ أَفَلا يَشْكُرُونَ ﴿۳۵﴾

سُبْحانَ الَّذى خَلَقَ الْأَزْواجَ كُلَّها مِمَّا تُنْبِتُ الْأَرْضُ وَ مِنْ أَنْفُسِهِمْ وَ مِمَّا لا يَعْلَمُونَ ﴿۳۶﴾

وَ آيَةٌ لَهُمُ اللَّيْلُ نَسْلَخُ مِنْهُ النَّهارَ فَإِذا هُمْ مُظْلِمُونَ ﴿۳۷﴾

وَ الشَّمْسُ تَجْرى لِمُسْتَقَرٍّ لَها ذلِكَ تَقْديرُ الْعَزيزِ الْعَليمِ ﴿۳۸﴾

وَ الْقَمَرَ قَدَّرْناهُ مَنازِلَ حَتَّى عادَ كَالْعُرْجُونِ الْقَديمِ ﴿۳۹﴾

لاَ الشَّمْسُ يَنْبَغى لَها أَنْ تُدْرِكَ الْقَمَرَ وَ لاَ اللَّيْلُ سابِقُ النَّهارِ وَ كُلٌّ فى فَلَكٍ يَسْبَحُونَ ﴿۴۰﴾

وَ آيَةٌ لَهُمْ أَنَّا حَمَلْنا ذُرِّيَّتَهُمْ فِى الْفُلْكِ الْمَشْحُونِ ﴿۴۱﴾

وَ خَلَقْنا لَهُمْ مِنْ مِثْلِهِ ما يَرْكَبُونَ ﴿۴۲﴾

وَ إِنْ نَشَأْ نُغْرِقْهُمْ فَلا صَريخَ لَهُمْ وَ لا هُمْ يُنْقَذُونَ ﴿۴۳﴾ إِلاَّ رَحْمَةً مِنَّا وَ مَتاعاً إِلى حينٍ ﴿۴۴﴾

وَ إِذا قيلَ لَهُمُ اتَّقُوا ما بَيْنَ أَيْديكُمْ وَ ما خَلْفَكُمْ لَعَلَّكُمْ تُرْحَمُونَ ﴿۴۵﴾ وَ ما تَأْتيهِمْ مِنْ آيَةٍ مِنْ آياتِ رَبِّهِمْ إِلاَّ كانُوا عَنْها مُعْرِضينَ ﴿۴۶﴾

وَ إِذا قيلَ لَهُمْ أَنْفِقُوا مِمَّا رَزَقَكُمُ اللَّهُ قالَ الَّذينَ كَفَرُوا لِلَّذينَ آمَنُوا أَ نُطْعِمُ مَنْ لَوْ يَشاءُ اللَّهُ أَطْعَمَهُ إِنْ أَنْتُمْ إِلاَّ فى ضَلالٍ مُبينٍ ﴿۴۷﴾

جهت هدایتی

آیات سیاق سوم را در چهار دسته می‌توان بررسی کرد: سه دسته نخست، بیان سه نمونه از نشانه‌های پروردگاری خدا بر عالم است و دسته پایانی، به بیانی که در سیر هدایتی سیاق گذشت، از عکس‌العمل کافران نسبت به لازمه عملی ایمان به پروردگار سخن می‌گوید:

دسته اول، آیه ۳۳ تا ۳۶: به بیان نشانه روشن پروردگاری خدا بر عالم در پدیده احیای زمین مرده و تأمین خوراک بشر از طریق بهره‌مندی از برکات زمین پرداخته و از قاعده نهادینه‌شده زوجیّت در عالم سخن گفته است.

دسته دوم، آیه ۳۷ تا ۴۰: به بیان نشانه روشن پروردگاری خدا بر عالم در پدیده شب و روز و تدبیر خورشید و ماه پرداخته است.

دسته سوم، آیه ۴۱ تا ۴۴: با اشاره به کشتی نجات‌دهنده انسان‌ها از عذاب قوم نوح علیه‌السلام، به بیان نشانه روشن پروردگاری خدا بر عالم در مدیریت حمل و نقل انسان پرداخته و آن را در مثال ویژه کشتی‌ها تبیین کرده است.

دسته چهارم، آیه ۴۵ تا ۴۷: از روی‌گردانی کافران نسبت به دستور تقوا و انفاق سخن گفته و آن را نتیجه اعراض آن‌ها از نشانه‌های پروردگاری خدا در عالم معرفی می‌کنند.

جهت هدایتی سیاق، از شناخت نسبت دسته‌های آن با یکدیگر قابل تشخیص است: سه دسته نخست، بیان نشانه‌های پروردگاری خدا در عالم و دسته پایانی، حکایت‌کننده اعراض از این نشانه‌ها در مقام عمل، با فرار از دستور تقوا و انفاق است؛ معلوم می‌شود که سیر اشاره به نشانه‌های پروردگاری خدا در عالم، زمینه‌ساز عمل به فرامین پروردگار است؛ هرچند کافران با اعراض از این نشانه‌ها، از دستور تقوا که در انفاق جلوه یافته فرار می‌کنند:

برشماری نشانه‌های پروردگاری خدا بر عالم در جهت دعوت به تقوا و انفاق توحید ربوبی

نشانه‌های مدیریت تأمین خوراک انسان‌ها، تداوم نسل‌ها، رفت و آمد شب و روز و حمل و نقل انسان‌ها توسط پروردگار عالم، به‌وضوح قابل مشاهده است؛ تقوا خروجی این باور روشن و انفاق مصداق ویژه ابتلای الهی در این زمینه است؛ هرچند کافران به جهت اعراض از این نشانه‌ها، از قبول دعوت به تقوا سرباز می‌زنند و دعوت به انفاق را بهانه ردّ باور به پروردگاری خدا بر عالم قرار می‌دهند.

سیاق چهارم: آیه ۴۸ تا ۶۸

وَ يَقُولُونَ مَتى هذَا الْوَعْدُ إِنْ كُنْتُمْ صادِقِينَ ﴿۴۸﴾ ما يَنْظُرُونَ إِلاَّ صَيْحَةً واحِدَةً
تَأْخُذُهُمْ وَ هُمْ يَخِصِّمُونَ ﴿۴۹﴾ فَلا يَسْتَطِيعُونَ تَوْصِيَةً وَ لا إِلى أَهْلِهِمْ يَرْجِعُونَ ﴿۵۰﴾
وَ نُفِخَ فِي الصُّورِ فَإِذا هُمْ مِنَ الْأَجْداثِ إِلى رَبِّهِمْ يَنْسِلُونَ ﴿۵۱﴾ قالُوا يا وَيْلَنا مَنْ
بَعَثَنا مِنْ مَرْقَدِنا هذا ما وَعَدَ الرَّحْمنُ وَ صَدَقَ الْمُرْسَلُونَ ﴿۵۲﴾ إِنْ كانَتْ إِلاَّ صَيْحَةً
واحِدَةً فَإِذا هُمْ جَمِيعٌ لَدَيْنا مُحْضَرُونَ ﴿۵۳﴾ فَالْيَوْمَ لا تُظْلَمُ نَفْسٌ شَيْئاً وَ لا تُجْزَوْنَ
إِلاَّ ما كُنْتُمْ تَعْمَلُونَ ﴿۵۴﴾ إِنَّ أَصْحابَ الْجَنَّةِ الْيَوْمَ في شُغُلٍ فاكِهُونَ ﴿۵۵﴾ هُمْ وَ
أَزْواجُهُمْ في ظِلالٍ عَلَى الْأَرائِكِ مُتَّكِؤُنَ ﴿۵۶﴾ لَهُمْ فيها فاكِهَةٌ وَ لَهُمْ ما يَدَّعُونَ
﴿۵۷﴾ سَلامٌ قَوْلاً مِنْ رَبٍّ رَحِيمٍ ﴿۵۸﴾ وَ امْتازُوا الْيَوْمَ أَيُّهَا الْمُجْرِمُونَ ﴿۵۹﴾ أَ لَمْ أَعْهَدْ
إِلَيْكُمْ يا بَني آدَمَ أَنْ لا تَعْبُدُوا الشَّيْطانَ إِنَّهُ لَكُمْ عَدُوٌّ مُبِينٌ ﴿۶۰﴾ وَ أَنِ اعْبُدُوني
هذا صِراطٌ مُسْتَقِيمٌ ﴿۶۱﴾ وَ لَقَدْ أَضَلَّ مِنْكُمْ جِبِلاًّ كَثِيراً أَ فَلَمْ تَكُونُوا تَعْقِلُونَ ﴿۶۲﴾
هذِهِ جَهَنَّمُ الَّتي كُنْتُمْ تُوعَدُونَ ﴿۶۳﴾ اصْلَوْهَا الْيَوْمَ بِما كُنْتُمْ تَكْفُرُونَ ﴿۶۴﴾ الْيَوْمَ
نَخْتِمُ عَلى أَفْواهِهِمْ وَ تُكَلِّمُنا أَيْدِيهِمْ وَ تَشْهَدُ أَرْجُلُهُمْ بِما كانُوا يَكْسِبُونَ ﴿۶۵﴾ وَ
لَوْ نَشاءُ لَطَمَسْنا عَلى أَعْيُنِهِمْ فَاسْتَبَقُوا الصِّراطَ فَأَنَّى يُبْصِرُونَ ﴿۶۶﴾ وَ لَوْ نَشاءُ
لَمَسَخْناهُمْ عَلى مَكانَتِهِمْ فَمَا اسْتَطاعُوا مُضِيًّا وَ لا يَرْجِعُونَ ﴿۶۷﴾ وَ مَنْ نُعَمِّرْهُ

نُنَكِّسْهُ فِي الْخَلْقِ أَفَلا يَعْقِلُونَ ﴿۶۸﴾

فضای سخن

۱. «وَ يَقُولُونَ مَتى هذَا الْوَعْدُ إِنْ كُنْتُمْ صادِقِينَ»؛ نخستین آیه سیاق، به محور فضای سخن آن تصریح کرده است؛ سؤال انکاری از زمان تحقق وعده الهی، محور فضای سخن سیاق چهارم است. انکاری بودن سؤال، فارغ از قرائن روشن دیگری که در متن سیاق و آیات سیاق‌های قبل دارد، از جمله «إِنْ كُنْتُمْ صادِقِينَ»، دانسته می‌شود. آن‌ها وعده داده‌شده را باور ندارند و اکنون برای نشان‌دادن دروغین‌بودن آن، از زمان تحقق آن سؤال می‌پرسند: اگر راست می‌گویید که این وعده محقق خواهد شد، زمان تحقق آن را نیز باید بدانید.

ضمیر «هم» مستتر در «یقولون»، در ادامه آیات سیاق‌های قبل، به کافران رسالت انذاری و منکران توحید ربوبی بازمی‌گردد؛ این آیات در ادامه سخن از ایشان، در بستر سؤال انکاری آن‌ها از زمان تحقق وعده انذارآمیز رسول خدا صلى الله عليه وآله وسلم سخن گفته است.

۲. «قالُوا يا وَيْلَنا مَنْ بَعَثَنا مِنْ مَرْقَدِنا هذا ما وَعَدَ الرَّحْمنُ وَ صَدَقَ الْمُرْسَلُونَ» و «هذِهِ جَهَنَّمُ الَّتِي كُنْتُمْ تُوعَدُونَ»؛ از این دو آیه، مصداق وعده مورد نظر دانسته می‌شود؛ زنده‌شدن دوباره و مواجهه با جهنّم، محور وعده‌ها در رسالت انذاری رسولان منذر است؛ همان محوری که مخاطبان رسول خدا صلى الله عليه وآله وسلم از پذیرش آن سر باز می‌زنند و با سؤال انکاری از زمان آن، به دنبال تکذیب آن هستند.

۳. «وَ امْتازُوا الْيَوْمَ أَيُّهَا الْمُجْرِمُونَ»؛ این آیه در مقام بیان عاقبت انسان‌ها پس از زنده‌شدن دوباره، از گروه جهنّمی که مکذّب وعده‌های رسولان انذاری بوده‌اند، با نام «مجرمین» تعبیر می‌کند؛ این استفاده، حکایت از سیره عملی مکذّبان دارد؛ آن‌ها کسانی هستند که در پناه

تکذیب وعده‌های انذاری، سیره مجرمانه دارند و بنای فرمان‌برداری از پروردگار عالم ندارند.

کافران رسالت انذاری، به منظور مجادله انکارآمیز، از زمان تحقق وعده انذار سؤال می‌کنند و در پناه این انکار، با خیال آسوده، سیره مجرمانه خویش را ادامه می‌دهند.

سیر هدایتی

همان‌طور که در فضای سخن سیاق به آن اشاره شد، آیات سیاق چهارم با سؤال انکاری از زمان تحقق وعده الهی آغاز شده است:

وَ يَقُولُونَ مَتى‏ هذَا الْوَعْدُ إِنْ كُنْتُمْ صادِقِينَ ﴿۴۸﴾

و می‌گویند این وعده کی خواهد بود، اگر راست گویندگانید؟

این حربه‌ای دیگر برای اعراض از حقیقت است. سؤال حقیقی، جواب حقیقی می‌طلبد؛ اما سؤال انکاری که بهانه نافرمانی و اعراض است، با تصویری انذارآمیز پاسخ می‌گیرد تا شاید باعث توجّه و بیداری شود؛ آن تصویر انذارآمیز، تصویری از سیر پیش روی آن‌ها، از امروز تا زمان مشاهده وعده‌ها است:

ما يَنْظُرُونَ إِلاَّ صَيْحَةً واحِدَةً تَأْخُذُهُمْ وَ هُمْ يَخِصِّمُونَ ﴿۴۹﴾

آنان جز یک فریاد را انتظار نمی‌کشند که آن‌ها را می‌گیرد درحالی‌که مشغول جدال و ستیز هستند.

قبل از هر زمان دیگری، آن‌ها باید انتظار زمانی را بکشند که عمرشان پایان می‌یابد و از دنیا رخت برمی‌بندند؛ آیات سیاق در واکنش حکیمانه به سؤال آن‌ها از زمان تحقق وعده‌های انذاری در قیامت و آخرت، آن‌ها را متوجه زمانی نزدیک‌تر می‌کند؛ زمانی که اگر چشم باز داشته باشند، راهی برای فرار از مواجهه با آن ندارند؛ آن‌ها منتظر رسیدن فریاد یک‌باره‌ای هستند که ایشان را می‌گیرد، درحالی‌که مشغول مجادله و مخاصمه‌اند.

«صَيْحَةً واحِدَةً» یعنی فریاد یک‌باره؛ تعبیر از مرگ با فریاد یک‌باره، برای یادآوری یک حقیقت است؛ مرگ که نقطه پایان آن‌ها در دنیا است، لشکرکشی ندارد که حداقل با دیدن سیاهه لشکرش، متوجه رسیدن آن شوند؛ مرگ به‌منزله تک فریادی است که ناگهان از راه می‌رسد و همه‌چیز را در لحظه، پایان می‌دهد؛ درست مانند قومی که سیاق دوم جریان نابودی آن‌ها را، مثل زد.

آن‌قدر این حقیقت، ناگهانی و نزدیک است که فرصت پایان‌یافتن جمله‌ای را که برای دشمنی و مجادله آغاز کرده بود، نمی‌دهد؛ «وَ هُمْ يَخِصِّمُونَ»، بیان حال آن‌ها به هنگام رسیدن فریاد یک‌باره مرگ است؛ با توجه به سیاق آیات، مصداق این مخاصمه، همین حالتی است که کافران رسالت انذاری در مجادله و دشمنی برای انکار وعده‌های رسولان منذر به خود گرفته‌اند؛ ازاین‌رو بیان این حال به هنگام مرگ، تهدیدی از نزدیکی زمان مرگ است تا حدّی که شاید در همین حال، ایشان را در بربگیرد.

حقیقت مرگ، حقیقتی است که زمان نامعلوم آن، هشداری همیشگی برای انسان است؛ هشداری که پایان همه دل‌مشغولی‌های دنیا برای انسان را به زمانی نزدیک که شاید در لحظه فرابرسد، موکول می‌کند.

فَلا يَسْتَطِيعُونَ تَوْصِيَةً وَ لا إِلى أَهْلِهِمْ يَرْجِعُونَ ﴿۵۰﴾

پس نه بر توصیه‌ای توان می‌یابند و نه به سوی اهل خود بازمی‌گردند.

زمان فرارسیدن مرگ، زمان پایان یافتن همه فرصت‌ها است؛ نه توانی برای وصیت به نزدیکان باقی می‌ماند و نه دیگر هیچ بازگشتی برای زندگی دوباره دنیا در کنار اهل و بستگان ممکن است.

وَ نُفِخَ فِي الصُّورِ فَإِذا هُمْ مِنَ الْأَجْداثِ إِلى رَبِّهِمْ يَنْسِلُونَ ﴿۵۱﴾

و در صور دمیده شد، پس ناگاه آنان از قبرهایشان به سوی پروردگارشان می‌شتابند.

استفاده از افعال ماضی، در این آیات به جهت محقق‌الوقوع بودن این وقایع است؛ در کلام بلیغ، وقتی از واقعه‌ای در پیش رو سخن گفته می‌شود و درعین‌حال گوینده بر حتمیت آن واقعه تأکید دارد، از فعل ماضی در معنای محقق‌الوقوع استفاده می‌کند.

بعد از مرگ و دفن‌شدن در زمین که هرزمانی ممکن است فرابرسد، نوبت به مرحله دوم یعنی مرحله «نفخ صور» خواهد رسید؛ مرحله دمیده‌شدن در صور برای حیات دوباره.

«ینسلون» در لغت، از ریشه «نسل» به معنای جداشدن است و با توجه به «الی»، جداشدن همراه با حرکت معنا می‌شود؛ البته در کتب لغت، سرعت در حرکت نیز در معنای این واژه آمده است؛[1] زمانی که در صور دمیده می‌شود، ناگهان از قبرهای خود جدا می‌شوند و با سرعت به سمت پروردگار خویش حرکت می‌کنند.

حرکت به سمت پروردگار، برای مواجهه با حساب و کتاب و نتیجه اعمال در دادگاه الهی است؛ که آیات بعدی سیاق، آن را شرح داده است.

قالُوا یا وَیْلَنا مَنْ بَعَثَنا مِنْ مَرْقَدِنا هذا ما وَعَدَ الرَّحْمنُ وَ صَدَقَ الْمُرْسَلُونَ ﴿۵۲﴾

گفتند ای وای بر ما! چه کسی ما را از خوابگاهمان برانگیخت، این همان چیزی است که رحمان وعده کرد و فرستادگان راست گفتند.

برخاستن از آرامگاه‌ها، زمان رؤیت عیان حقیقت و افشای مذبوحانه بودن تلاش‌ها برای انکار و پوشاندن آن است؛ زمانی که اولین مرحله از وعده‌های رسولان منذر از جانب خدا تحقق می‌یابد؛ زمانی که مکذّبان، با شدّت نگرانی با صحنه‌ای مواجه می‌شوند که دائماً آن را تکذیب می‌کردند؛ روزی که بگویند: این همان چیزی است که خدای رحمن وعده کرده بود و رسولانی که حامل پیام‌های او بودند راست می‌گفتند.

---

۱. ر.ک: قاموس قرآن، ج ۷، ص ۵۸ و ۵۹.

جمله «هذا ما وَعَدَ الرَّحْمنُ وَ صَدَقَ الْمُرْسَلُونَ»، ردّ همه آن چیزی است که مکذّبان بر آن استوار بودند:

استفاده از وصف «رحمن»، یادآور جمله مکذّبان در مواجهه با رسولان است؛ زمانی که وعده انذار از جانب خدای رحمن را به‌کلی دروغ می‌دانستند؛ اما در اینجا دیدند که وعده عذاب خدای رحمن، حقیقت داشته و پروردگار عالم ایشان را برای مواجهه با عاقبت اعمالشان از قبرها برانگیخته است.

«صَدَقَ الْمُرْسَلُونَ» هم، یادآور جمله‌ای است که به رسولان منذر می‌گفتند؛ زمانی که با جرأت و جسارت رسولان منذر را به دروغ‌گویی متهم می‌کردند؛ اما در اینجا با چشم خود، صدق پیام‌های پیام‌آوران را می‌بینند؛ زمانی که همه مقدمات مواجهه با حساب و کتاب، با یک فریاد رخ خواهد داد:

إِنْ كانَتْ إِلاَّ صَيْحَةً واحِدَةً فَإِذا هُمْ جَميعٌ لَدَيْنا مُحْضَرُونَ ﴿٥٣﴾

نیست آن جز یک فریاد؛ پس در آن هنگام همگی نزد ما حاضرشدگان‌اند.

آیه ۵۳، با تعبیر «صَيْحَةً واحِدَةً» یعنی همان تعبیری که در مورد مرگ سخن گفته بود، در مورد خروج از قبرها و حرکت برای مواجهه با حساب و کتاب سخن می‌گوید؛ بنابراین همه آنچه در مورد حکمت استفاده از این تعبیر ذیل آیه ۴۹ بیان شد، در این باره نیز جاری است. بیداری و خروج از قبرها ناگهانی است؛ باز هم به ید قدرت الهی تنها با یک فریاد، همه‌چیز برای مواجهه با حساب و کتاب آماده می‌شود؛ برای لحظه‌ای که همه عالمیان در محضر پروردگار عالم حضور می‌یابند تا او تکلیف عاقبت آن‌ها را تبیین و تعیین کند:

فَالْيَوْمَ لا تُظْلَمُ نَفْسٌ شَيْئاً وَ لا تُجْزَوْنَ إِلاَّ ما كُنْتُمْ تَعْمَلُونَ ﴿٥٤﴾

پس امروز به کسی اندک ستمی نمی‌شود و جزا داده نمی‌شوید، جز آنچه

را عمل می‌کردید.

تکلیفی که در آیات قبل از آن سخن گفته شد، بر محور یک قاعده اساسی رقم خواهد خورد؛ «فَالْيَوْمَ لا تُظْلَمُ نَفْسٌ شَيْئاً»، در آن روز به هیچ‌کس ذرّه‌ای ظلم نخواهد شد؛ بداندیش و خطاکار بیش از آنچه کرده عذاب نخواهد دید.

«وَ لا تُجْزَوْنَ إِلاَّ ما كُنْتُمْ تَعْمَلُونَ»، در آن روز هیچ‌کس جز آنچه عمل کرده را به‌عنوان جزای خود نخواهد گرفت. این جمله از سویی معنای عدم ظلم در دادگاه الهی را تأیید و تکمیل می‌کند؛ به اینکه جزا مطابق با اعمال است و به کسی ظلم نمی‌شود؛ و از سوی دیگر، عینیت جزا و عمل را نشان می‌دهد؛ جزایی که به هرکس خواهد رسید، شدید یا خفیف، طولانی‌مدّت یا کوتاه مدّت، همان اعمال دنیوی در چهره اخروی است. آیات برای جزا از «باء» بر سر جمله «ما كُنْتُمْ تَعْمَلُون» استفاده نکرده تا کسی بگوید، این جزا در ازای اعمال است؛ بلکه خدای متعالی فرموده است: «وَ لا تُجْزَوْنَ إِلاَّ ما كُنْتُمْ تَعْمَلُونَ»؛ این جزا همان اعمالی است که در دنیا داشتید و امروز به شما بازگشته است؛ اما با چهره‌ای جدید که چهره حقیقی آن‌ها در عالم حقیقت است.

از آنجا که لحن سخن انذاری است، آیه بعدی به‌گونه‌ای عمل کرده که گویا در این خطاب سخت، بهشتیان مخاطب نبوده‌اند؛ آیات بعد با ضمیر غایب از بهشتیان یاد کرده و حال آنکه دوباره وقتی از جهنّمیان سخن می‌آید، ضمایر خطابی می‌شود.

إِنَّ أَصْحابَ الْجَنَّةِ الْيَوْمَ في شُغُلٍ فاكِهُونَ ﴿۵۵﴾

همانا امروز بهشتیان در مشغولیتی مسرورند.

این خبر خدای بزرگ در آن روز است که بهشتیان مشغول بهره‌مندی از نعمات الهی در اوج شادمانی‌اند. «فاکهون»، جمع واژه «فاکه» از مصدر

«فکاهة»، به معنای سخن گفتن شادمانه از نعمت‌های خوشحال‌کننده است.[1]

هُمْ وَ أَزْواجُهُمْ في ظِلالٍ عَلَى الْأَرائِكِ مُتَّكِؤُنَ ﴿۵۶﴾

ایشان و همسرانشان در سایه‌ها بر تخت‌ها تکیه زنندگان‌اند.

همراهی با ازواج، به جهت همراهی دنیوی آنها با هم، در مسیر ایمان وعمل صالح است. حضور در سایه‌سارها نشانه آسایش حاکم بر فضای بهره‌مندی ایشان از نعمات است؛ و تکیه بر اریکه‌ها نشان از حاکمیّت و فرمانروایی آن‌ها در اوج عزّت و احترام است.

لَهُمْ فيها فاكِهَةٌ وَ لَهُمْ ما يَدَّعُونَ ﴿۵۷﴾

برای ایشان در آن میوه است و برای ایشان است آنچه را می‌خواهند.

در آنجا از همه آنچه از میوه‌ها از قبل تدارک دیده‌شده بهره‌مندند و خواسته آن‌ها در تهیه هرآنچه غیر از آن بخواهند اطاعت می‌شود و هرچه بخواهند، برای آن‌ها فراهم خواهد شد.

سَلامٌ قَوْلاً مِنْ رَبٍّ رَحيمٍ ﴿۵۸﴾

سلام، سخنی از پروردگار رحیم.

«رحیم»، اشاره به رحمت خاص و ویژه الهی است و از این جهت با «رحمن» که به معنای رحمت عام و فراگیر است تفاوت دارد؛ اشاره به صفت «رحیم» در این آیه، اشاره‌ای لطیف و حکیمانه برای یادآوری یک نکته است؛ درست در همان زمان که عده‌ای با استناد به «رحمن» بودن خدا وعده عذاب را انکار می‌کردند، عده‌ای دیگر خود را برای بهره‌مندی از رحمت خاص پروردگار آماده می‌کردند؛ همان کسانی که پروردگاری خدا بر عالم را پذیرفته بودند و سخن رسولان منذر را می‌شنیدند و اطاعت می‌کردند.

---

۱. ر.ک: المیزان فی تفسیر القرآن الکریم، ج ۱۷، ص ۱۰۱.

آیه ۵۸، حکایت‌کننده از سلام پروردگار رحیم، به بهشتیانی است که در نعمات الهی مستقر شده‌اند؛ «سلام» بشارت سلامتی و عافیت از هر آفت و گزندی در مسیر بهره‌مندی از نعمات الهی برای بهشتیان است؛ بشارتی از زبان همان‌کس که بهشتیان تقوای او را در نظر گرفته‌اند تا به رحمت خاصّش دست بیابند.

با توجه به نکته‌ای که قبل از آیه ۵۵ به آن اشاره شد، همه خبرهایی که با ضمیر غایب از بهشتیان آمد، خطاب به کسانی است که در صحرای محشر در محضر پروردگار عالم نگاه داشته شده‌اند تا با عاقبت خود مواجه گردند؛ این خبرها با جمله «سَلامٌ قَوْلاً مِنْ رَبٍّ رَحيمٍ»، خاتمه یافته است. با توجه به این چینش و استفاده از ضمایر غیابی در آیات، جهت خبرها مشخّص می‌شود؛ این خبرها در عین آنکه از وضعیت بهشتیان خبر می‌دهد، اخباری است که خطاب به مکذّبان و مجرمان مطرح شده تا مقدّمه‌ای حسرت‌آفرین برای مواجهه آن‌ها با عاقبت خودشان باشد؛ اکنون که شما در محضر پروردگار عالم، منتظرید تا با عاقبت سخت خودتان مواجه شوید، بهشتیان در اوج بهره‌مندی از نعمات الهی در جایگاهی رفیع‌اند؛ سلام بر بهشتیان از جانب پروردگار رحیمشان؛ اما شما:

وَ امْتازُوا الْيَوْمَ أَيُّهَا الْمُجْرِمُونَ ﴿۵۹﴾

ای مجرمان امروز جدا شوید.

در آیه ۵۴ معلوم شد که جزا در حقیقت با انسان‌ها عینیت دارد؛ ازاین‌رو آیه ۵۹، ندای جدایی جهنّمیان برای مواجهه با عذاب را با تعبیر «مجرمون» آورده است؛ جرم، عنوان سیره عملی آن‌ها است که جزا با آن تناسب یافته است.

نکته جالب توجّه در انتخاب این تعبیر آن است که «جرم»، در لغت به معنای قطع کردن است؛[1] به گناه از آن جهت «جرم» اطلاق می‌شود که

---

۱. ر.ک: قاموس قرآن، ج ۲، ص ۲۷.

عاملِ قطع رشته بندگی است؛ آیات در فضای فرار از فرمان‌برداری پروردگار عالم، از این واژه برای خبر از سیره عملی آن‌ها استفاده کرده است.

جزای آن‌ها در مقابل سیره عملی‌شان یعنی جرم تدارک دیده شده است؛ امّا این سیره عملی عذاب‌آور، خود نتیجه کفر و تکذیب آن‌ها برای فرار از فرمان‌برداری بوده است؛ ازاین‌رو ادامه آیات، ریشه نهادینه‌شدن این سیره در ایشان را یادآور می‌شود؛ آیات بعدی، با توبیخ، از وضعیت آن‌ها در مواجهه با دعوت حق در دنیا سخن می‌گوید:

أَلَمْ أَعْهَدْ إِلَيْكُمْ يا بَني آدَمَ أَنْ لا تَعْبُدُوا الشَّيْطانَ إِنَّهُ لَكُمْ عَدُوٌّ مُبينٌ ﴿۶۰﴾

ای فرزندان آدم! آیا با شما عهد نکردم که شیطان را عبادت نکنید؛ همانا او برای شما دشمنی آشکار است؟

آن‌کس که خدای یگانه عالم را به پروردگاری نمی‌پذیرد و از اطاعت او سر باز می‌زند، بنده شیطان می‌شود. خدای عالم در فطرت پاکی که به هر انسان موهبت کرده و همچنین بر زبان رسولان منذری که یک به یک برای هدایت انسان‌ها فرستاده، آن‌ها را از بندگی شیطان که دشمن بزرگ سعادت انسان است برحذر داشته است؛ این همان عهدی است که پروردگار عالم با انسان‌ها بسته؛ اما شما فرزندان آدم، به جای حرکت بر مدار عهد خود، بندگی شیطان را ترجیح دادید.

از اطاعت شیطان در این آیات، به بندگی و پرستش شیطان تعبیر شده است؛ هرکسی پرستنده همان کسی است که از او اطاعت می‌کند؛ ادعای پرستش پروردگار عالم، با اطاعت از شیطان همخوانی ندارد؛ آنچه معیار روشنگر حقیقت پرستش است، اطاعت است؛ آن‌کس که از پروردگار عالم اطاعت می‌کند، در حقیقت پرستنده پروردگار عالم است، به استناد این آیه، آن‌کس که از شیطان اطاعت می‌کند، پرستنده شیطان است و آن‌کس

که از نفس اطاعت می‌کند، پرستنده نفس است؛ همان‌طور که آیه «أَ رَأَيْتَ مَنِ اتَّخَذَ إِلٰهَهُ هَواهُ»[1] به آن اشاره دارد.

نکته جالب توجه دیگر در این آیه، تعبیر «بنی‌آدم» است؛ هرچند عهد مورد نظر در آیه، شامل عهد فطری انسان‌ها و آنچه با عهد هدایت الهی توسط همه رسولان انجام می‌شود، هست؛ اما اشاره به اینکه مخاطبان بی‌شک همه فرزندان حضرت آدم علیه‌السلام هستند، اشاره متناسب با محتوای آیه است؛ یادآوری عهد روشن الهی با حضرت آدم علیه‌السلام به هنگام سکونت در بهشت و ماجرای توبه بعد از اشتباه و عهد دوباره برای پذیرش هدایت الهی در سوره‌های متعددی از قرآن کریم آمده است؛ خطاب «يا بَني آدَمَ»، خطابی است که مخاطبان را متوجه شروع خلقت آن‌ها با عهد الهی می‌کند.

وَ أَنِ اعْبُدُوني هذا صِراطٌ مُسْتَقيمٌ ﴿٦١﴾

و اینکه مرا عبادت کنید، این راهی مستقیم است.

مسیر بندگی، مسیر نفی و اثبات است؛ عهد پروردگار عالم با فرزندان آدم، نخست نفی بندگی شیطان و سپس قبول بندگی پروردگار مقتدر عالم است؛ ما با شما عهد کرده بودیم که شیطان را نپرستید و من را که پروردگار شما هستم بپرستید.

تعبیر «صِراطٌ مُسْتَقيمٌ» در این آیه، اشاره به نکته‌ای دقیق است؛ اینکه دعوت به پرستش پروردگار عالم با وجود اینکه حق مطلق است و چون و چرا ندارد، دعوت به اطاعت کورکورانه از مسیری نامشخص نیست؛ بلکه دعوت به نزدیک‌ترین و بهترین مسیر برای رسیدن به سعادت در دنیا و آخرت است؛ دعوتی روشن، با پشتوانه‌ای روشن، به مسیری روشن، با مقصدی روشن که در لسان انبیای الهی جلوه یافته است؛ این تعبیر در آیه ۶۱، یادآور آیات ابتدایی سوره است که در اثبات مقام رسالت رسول گرامی

---

۱. فرقان آیه ۴۳.

اسلام ﷺ بر استقرار او بر صراط مستقیم وحی‌شده از جانب پروردگار مقتدر و مهربان عالم تأکید شده بود.

وَلَقَدْ أَضَلَّ مِنْكُمْ جِبِلاًّ كَثِيراً أَفَلَمْ تَكُونُوا تَعْقِلُونَ ﴿٦٢﴾

و هرآینه قطعاً گروه زیادی از شما را گمراه کرد؛ پس آیا عقل پیشه نمی‌کنید؟

آیه ۶۰، پرهیز از عبادت شیطان را لازمه عهد فطری انسان با پروردگار عالم برشمرده و این آیه، به دلیل روشن دیگری برای دوری از وسوسه‌های شیطانی و رهایی از بند بندگی شیطان سخن می‌گوید؛ آری گذشته از فطرت خداجویی که نهیب پرهیز از بندگی شیطان می‌زند، مشاهده عاقبت بندگی شیطان در آینه اقوام پیشین نیز می‌توانست، خواب غفلت را از سر مکذّبان و مجرمان بپراند؛ شیطان گروه‌های فراوانی از شما را گمراه کرد و به کام نابودی و عذاب کشاند؛ پس آیا نباید شما عقل می‌کردید و از این سرگذشت‌ها، عبرت می‌گرفتید؟

«تعقلون» از ریشه «عقل»، به معنای پایبندی به دانسته‌ها و بهره‌مندی از آن‌هاست؛[1] آن‌کس که به مشاهدات و دانسته‌های خود پایبند نباشد، شاید عالِم باشد، اما عاقل نیست. عاقل کسی است که وقتی حقیقتی را دید و از آن علم یافت، به آن حقیقت پایبند می‌شود یعنی لوازم آن حقیقت را رعایت می‌کند؛ اگر دید که قومی مانند آنچه در مثال همین سوره گذشت، در اثر تکذیب و نافرمانی از رسولان الهی عذاب شدند، بی‌پروا در مقابل رسولان منذر نمی‌ایستد و خطای اقوام خطاکار پیشین را تکرار نمی‌کند.

هٰذِهِ جَهَنَّمُ الَّتِي كُنْتُمْ تُوعَدُونَ ﴿٦٣﴾

این جهنمی است که پیوسته به آن وعده داده می‌شدید.

---

۱. صاحب مفردات الفاظ القرآن الکریم، در اشاره به این معنا از عقل می‌نویسد: «و يقال للعلم الذي يستفيده الإنسان بتلك القوّة عَقْل»(ص، ۵۷۷)؛ به علمی که انسان با بهره‌مندی از قوه عاقله‌اش از آن استفاده می‌کند، عقل گفته می‌شود.

اکنون که به عهد خود وفا نکردید و به حقایقی که تجربه شده بود، پایبند نماندید و بر تکذیب و نافرمانی از رسولان الهی و ارتکاب جرائم اصرار کردید، اکنون این شما و این همان جهنّمی که به آن وعده داده می‌شدید؛ همان جهنّمی که بارها رسولان منذر از آن سخن گفتند و شما به بهانه‌های مختلف باور به آن را پشت گوش انداختید و مشغول اطاعت از شیطان شدید.

اصْلَوْهَا الْيَوْمَ بِما كُنْتُمْ تَكْفُرُونَ ﴿٦٤﴾

امروز به سبب آنچه کفر می‌ورزیدید داخل آن شوید.

این فرمان ورود به جهنّم برای مجازاتِ سخت است. همان‌طور که ذیل آیات پیشین گذشت، آنچه با جزا مقابله می‌شود، عمل انسان‌هاست؛ ازاین‌رو آیه ۵۴ از عینیّت جزا و اعمال مخاطبان مکذّب سخن گفت: «وَ لا تُجْزَوْنَ إِلاَّ ما كُنْتُمْ تَعْمَلُونَ» و آیه ۵۹ ایشان را با وصف «مجرمون» مورد خطاب قرار داد؛ اما آنجا که سخن از ریشه اعمال فاسد است، سخن از باور فاسد به میان می‌آید؛ پشتوانه عمل مجرمانه فاسد، کفر به حقیقت‌های عالم است؛ کفر به پروردگاری خدا بر عالم که لزوم فرمان‌برداری را کنار می‌زند؛ کفر به رسولان منذر که راه را برای بازگشت از مسیر خطا می‌بندد و کفر به عذاب الهی که ترس از عاقبتِ سخت را از ذهن بیرون می‌کند.

الْيَوْمَ نَخْتِمُ عَلى أَفْواهِهِمْ وَ تُكَلِّمُنا أَيْديهِمْ وَ تَشْهَدُ أَرْجُلُهُمْ بِما كانُوا يَكْسِبُونَ ﴿٦٥﴾

امروز بر دهان‌های آن‌ها مهر می‌زنیم و دست‌های آن‌ها با ما سخن می‌گوید و پاهای آن‌ها شهادت می‌دهد به آنچه کسب می‌کردند.

آیات پایانی سیاق، رو به مخاطبان قرآن در دنیا کرده و سخن از عاقبت انسان‌ها در قیامت را جمع‌بندی می‌کند. آری، آن روز که به حساب مجرمان خواهیم رسید، دهان‌هایشان برای توجیه رفتارشان باز نیست؛ آن روز بر

دهان‌هایشان مهر می‌زنیم و این دستان آن‌هاست که با ما سخن می‌گوید و پاهای آن‌هاست که به اعمال اندوخته آن‌ها شهادت خواهد داد.

زبان آن‌ها یک عمر به بهانه‌جویی و تکذیب و استهزاء چرخیده و اکنون باز هم اگر فرصتی بیابد، به توجیه رفتار آن‌ها خواهد چرخید. بهترین سخنگو و شاهد، اعضا و جوارحی هستند که به فرمان خدا باید زبان به سخن باز کنند و خبر صادقانه از رفتار او در دنیا بدهند و بر آنچه در پرونده اوست گواه شوند.

بستن دهان‌ها که برای سخن‌گفتن آفریده شده‌اند و باز کردن زبان دست‌ها و پاها که تصوّری از سخن گفتن آن‌ها نیست، ممکن است تعجب فراوان مخاطبان را برانگیزد؛ غافل از اینکه هیچ تعجّبی در کار نیست؛ مگر آن‌کس که به زبان و دهان قدرت سخن گفتن داده کیست؟ آیا پروردگاری که به زبان و دهان قدرت سخنوری داده، توان بستن راه او و باز کردن راه سخن گفتن از دست و پای او را ندارد؟

قطعاً اگر قدرتی بر سخنوری هست، عطای پروردگار عالم است و او توان بازپس‌گیری این عطا را دارد؛ دو آیه بعد، در تکمیل این سخن، به دو فرض دیگر از همین جنس اشاره می‌کند که هر منصفی اراده پروردگار عالم در مورد آن‌ها را تصدیق می‌کند:

وَلَوْ نَشاءُ لَطَمَسْنا عَلى أَعْيُنِهِمْ فَاسْتَبَقُوا الصِّراطَ فَأَنَّى يُبْصِرُونَ ﴿٦٦﴾

و اگر بخواهیم قطعاً چشمانشان را محو می‌کنیم؛ پس در راه سبقت می‌گیرند؛ پس چگونه می‌بینند؟

«طمسنا»، از ریشه «طمس» به معنای محوکردن و نابود کردن است.[1]

اگر ما بخواهیم، چشمان آن‌ها را که قدرت بینایی و شناخت راه از چاه را به آن‌ها می‌دهد از آن‌ها بگیریم، چه کسی می‌تواند مانع شود؟ آن وقت

---

۱. ر.ک: قاموس قرآن، ج ۴، ص ۲۳۶.

دیگر چگونه خواهند دید که از یکدیگر در راه سبقت بگیرند.

جالب اینجاست که آیات در بیان نتیجه نابینایی، از اصل ناتوانی در حرکت سخن نمی‌گوید تا کسی آن را انکار کند؛ بلکه سخن از سبقت گرفتن از یکدیگر در مسیر است که جز با بینایی حاصل از شناخت راه و فاصله‌ها از طریق چشم، ممکن نیست.

وَ لَوْ نَشاءُ لَمَسَخْناهُمْ عَلى مَكانَتِهِمْ فَمَا اسْتَطاعُوا مُضِيًّا وَ لا يَرْجِعُونَ ﴿٦٧﴾

و اگر بخواهیم قطعاً آن‌ها را بر جایگاهشان مسخ می‌کنیم؛ پس نمی‌توانند پیش بروند و نه برگردند.

«مسخ»، به معنای تغییر شکل چیزی از باب عذاب است؛ در این آیه مراد از «لَمَسَخْناهُمْ عَلى مَكانَتِهِمْ» درهم‌ریختن شکل خلقت آن‌ها است در همان جایی که نشسته‌اند، بدون اینکه چیزی بتواند مشکل آن‌ها را حل کند.[1] «مضیّاً» نیز از مصدر «مضی» به معنای رفتن و گذشتن است.[2]

اگر ما آن‌ها را با وجود دست و پایشان، در جایشان مسخ کنیم و از حرکت باز داریم، اگر توان قدم برداشتن را از آن‌ها بگیریم، چطور؟ آیا کسی می‌تواند جلودار این اراده شود؟ آنگاه که دیگر نه قدرتی برای حرکت رو به جلو دارند و نه توان بازگشت به عقب.

این دو آیه، با «لو» شرطیه آمده که برای شرط امتناعیه استفاده می‌شود؛ شرط امتناعیه، بیان فرضی است که هرچند شاید نیازی به تحقق آن نشود اما حقیقتی را نشان می‌دهد؛ هدف این دو آیه، بیان آنچه رخ خواهد داد نیست؛ بلکه هدف آن‌ها اشاره به دو فرضی است که به شرط انصاف ثابت‌کننده اراده الهی در بستن دهان‌ها و باز کردن زبان دست و پای مجرمان در صحنه محاسبه است.

---

۱. ر.ک: المیزان فی تفسیر القرآن الکریم، ج ۱۷، ص ۱۰۷.

۲. ر.ک: قاموس قرآن، ج ۶، ص ۲۶۱.

نکته

این دو فرض، شاید عملی نشود اما در کنار اقرار گرفتن به قدرت خدا در مورد بستن دهان‌ها در روز قیامت، به نکته مهم دیگری نیز اشاره دارد؛ اینکه هیچ مجرمی در آن روز حتی نمی‌تواند تصوّر فرار از صحنه عذاب خود را داشته باشد؛ فرار، چشم بینا برای سبقت گرفتن و رد شدن از موانع می‌خواهد که قدرت بینایی چشم در دست پروردگاری است که این قدرت را به او عطا کرده و هرلحظه اراده کند، می‌تواند این قدرت را بگیرد. فرار، پای آماده برای دویدن می‌خواهد که قدرت دویدن پا در دست پروردگاری است که این قدرت را به پاها عطا کرده و هرلحظه اراده کند، می‌تواند این قدرت را بگیرد.

آیه بعدی سیاق، شاهدی روشن از زندگی دنیوی انسان‌ها ارائه می‌دهد تا راه هرگونه شک و تردیدی نسبت به محاسبه قدرتمندانه الهی در محشر را ببندد؛ هرکس که باور ندارد پروردگار عالم، قدرتِ به حساب کشیدن مجرمان مکذّب با بستن دهان‌هایشان و باز کردن زبان و اعضا و جوارحشان را دارد، خوب در این نشانه بنگرد:

وَ مَنْ نُعَمِّرْهُ نُنَكِّسْهُ فِي الْخَلْقِ أَ فَلا يَعْقِلُونَ ﴿٦٨﴾

و هرکس را که عمر طولانی دهیم، او را در خلق وارونه می‌کنیم؛ پس آیا عقل پیشه نمی‌کنند؟

«ننکّسه»، از ریشه «نکس» به معنای وارونه کردن است.[1]

آنچه در یک لحظه می‌تواند به اراده الهی در قیامت محقق شود، به‌تدریج در گذران عمر دیده می‌شود؛ وقتی عمر کسی طولانی می‌شود، آرام‌آرام ویژگی‌های خلقت او وارونه می‌شود تا جایی که قوّت او به ضعف بدل می‌شود؛ چشم دارد اما سویی برایش باقی نمانده؛ دست دارد اما قدرت دفاع از خود را ندارد؛ پا دارد اما توان حرکت ندارد.

باز هم سخن از «عقل» است؛ آیا انسان‌ها با دیدن این نشانه مهم، عقل

---

۱. ر.ک: قاموس قرآن، ج ۷، ص ۱۱۱.

خود را به کار نمی‌گیرند؟ آیا بنا ندارند تا بر این دانسته مهم خود در مورد اراده پروردگار عالم، پایبند باشند؟ و این باور را سرلوحه باورهای خویش قرار دهند؟

وَ يَقُولُونَ مَتى‏ هذَا الْوَعْدُ إِنْ كُنْتُمْ صادِقينَ ﴿۴۸﴾

ما يَنْظُرُونَ إِلاَّ صَيْحَةً واحِدَةً تَأْخُذُهُمْ وَ
هُمْ يَخِصِّمُونَ ﴿۴۹﴾

فَلا يَسْتَطيعُونَ تَوْصِيَةً وَ لا إِلى‏ أَهْلِهِمْ
يَرْجِعُونَ ﴿۵۰﴾

وَ نُفِخَ فِي الصُّورِ فَإِذا هُمْ مِنَ الْأَجْداثِ إِلى‏
رَبِّهِمْ يَنْسِلُونَ ﴿۵۱﴾

قالُوا يا وَيْلَنا مَنْ بَعَثَنا مِنْ مَرْقَدِنا هذا ما
وَعَدَ الرَّحْمنُ وَ صَدَقَ الْمُرْسَلُونَ ﴿۵۲﴾

إِنْ كانَتْ إِلاَّ صَيْحَةً واحِدَةً فَإِذا هُمْ جَميعٌ
لَدَيْنا مُحْضَرُونَ ﴿۵۳﴾

فَالْيَوْمَ لا تُظْلَمُ نَفْسٌ شَيْئاً وَ لا
تُجْزَوْنَ إِلاَّ ما كُنْتُمْ تَعْمَلُونَ ﴿۵۴﴾

إِنَّ أَصْحابَ الْجَنَّةِ الْيَوْمَ في‏ شُغُلٍ فاكِهُونَ ﴿۵۵﴾ هُمْ وَ أَزْواجُهُمْ في‏ ظِلالٍ عَلَى الْأَرائِكِ مُتَّكِؤُنَ ﴿۵۶﴾ لَهُمْ
فيها فاكِهَةٌ وَ لَهُمْ ما يَدَّعُونَ ﴿۵۷﴾ سَلامٌ قَوْلاً مِنْ رَبٍّ رَحيمٍ ﴿۵۸﴾

وَ امْتازُوا الْيَوْمَ أَيُّهَا الْمُجْرِمُونَ ﴿۵۹﴾ أَ لَمْ أَعْهَدْ إِلَيْكُمْ يا بَني‏ آدَمَ أَنْ لا تَعْبُدُوا الشَّيْطانَ إِنَّهُ لَكُمْ
عَدُوٌّ مُبينٌ ﴿۶۰﴾ وَ أَنِ اعْبُدُوني‏ هذا صِراطٌ مُسْتَقيمٌ ﴿۶۱﴾ وَ لَقَدْ أَضَلَّ مِنْكُمْ جِبِلاًّ كَثيراً أَ فَلَمْ
تَكُونُوا تَعْقِلُونَ ﴿۶۲﴾ هذِهِ جَهَنَّمُ الَّتي‏ كُنْتُمْ تُوعَدُونَ ﴿۶۳﴾ اصْلَوْهَا الْيَوْمَ بِما كُنْتُمْ تَكْفُرُونَ ﴿۶۴﴾

الْيَوْمَ نَخْتِمُ عَلى‏ أَفْواهِهِمْ وَ تُكَلِّمُنا أَيْديهِمْ وَ
تَشْهَدُ أَرْجُلُهُمْ بِما كانُوا يَكْسِبُونَ ﴿۶۵﴾

وَ لَوْ نَشاءُ لَطَمَسْنا عَلى‏ أَعْيُنِهِمْ فَاسْتَبَقُوا
الصِّراطَ فَأَنَّى يُبْصِرُونَ ﴿۶۶﴾

وَ لَوْ نَشاءُ لَمَسَخْناهُمْ عَلى‏ مَكانَتِهِمْ فَمَا
اسْتَطاعُوا مُضِيًّا وَ لا يَرْجِعُونَ ﴿۶۷﴾

وَ مَنْ نُعَمِّرْهُ نُنَكِّسْهُ فِي الْخَلْقِ أَ
فَلا يَعْقِلُونَ ﴿۶۸﴾

جهت هدایتی

آیات سیاق چهارم را در سه دسته می‌توان بررسی کرد:

دسته اول، آیه ۴۸ تا ۵۰: بعد از اشاره به سؤال انکارآمیز کافران از زمان قیامت، از مرگ یک‌باره در زمانی نامعلوم، به‌عنوان مرحله نخست پیش روی آن‌ها برای خروج از دنیا اشاره می‌کند.

دسته دوم، آیه ۵۱ تا ۶۴: از برپایی مقتدرانه و یک‌باره قیامت و حرکت انسان‌ها برای مواجهه با عاقبتشان سخن گفته و وضعیت بهشتیان و مجرمان را در مقابل هم به تصویر می‌کشد. در این آیات از بهشتیان با ضمایر غیابی سخن گفته شده و روی سخن اصلی با مجرمان کافر است؛ آیات این دسته در قالب تصویر صحنه حساب و کتاب مجرمان، از کفر و بدعهدی آن‌ها در پذیرش بندگی شیطان و عاقبت سخت جهنّم برای آن‌ها سخن می‌گوید.

دسته سوم، آیه ۶۵ تا ۶۸: با اشاره به صحنه حساب و کتاب در روز قیامت، از ناتوانی منکران از توجیه خطاها و گریزناپذیری محاسبه آن‌ها به رفتارشان سخن گفته است.

همان‌طور که قبلاً بیان شد، محور فضای سخن این سیاق، سؤال انکارآمیز از زمان تحقق وعده‌هایی بود که توسط رسولان منذر داده می‌شد؛ این سؤال انکارآمیز حربه آن‌ها برای فرار از حقیقت بندگی پروردگار عالم و انکار رسولان منذر بود؛ آیات سیاق چهارم، در سه دسته، با بیانی انذارآمیز با این حربه برخورد کرده است: دسته نخست، انذار از فرارسیدن یک‌باره مرگ است؛ دسته دوم، انذار از برپایی قیامت و ورود به جهنّم است؛ و دسته سوم، انذار از گریزناپذیری این محاسبه سخت است. جهت هدایتی آیات این سیاق، برآیند سیر انذاری آن در مواجهه با حربه منکران رسالت انذاری است و به این بیان قابل ذکر است:

انذار از فرارسیدن مرگ و ورود به جهنّم بعد از برپایی محکمه گریزناپذیر قیامت؛

در پاسخ به حربه منکران رسالت انذاری

مرگ پایان دنیا است؛ قیامت برپا خواهد شد و جهنم جایگاه مجرمان کافری است که به عهد الهی پایبند نبودند و شیطان را می‌پرستیدند؛ گریزی از این محاکمه سخت در قیامت برای ورود منکران مجرم به جهنّم نیست.

سیاق پنجم: آیه ۶۹ تا ۷۰

وَ ما عَلَّمْناهُ الشِّعْرَ وَ ما يَنْبَغي لَهُ إِنْ هُوَ إِلاَّ ذِكْرٌ وَ قرآن مُبينٌ ﴿۶۹﴾ لِيُنْذِرَ مَنْ كانَ حَيًّا وَ يَحِقَّ الْقَوْلُ عَلَى الْكافِرينَ ﴿۷۰﴾

فضای سخن

۱. «وَ ما عَلَّمْناهُ الشِّعْرَ وَ ما يَنْبَغي لَهُ إِنْ هُوَ إِلاَّ ذِكْرٌ وَ قرآن مُبينٌ»؛ نفی اتهام شعر از آنچه توسط خدا به پیامبر تعلیم می‌شود، نشان می‌دهد مخاطبان کافر قرآن کریم، قرآن را به شعر بودن و رسول خدا صلی‌الله‌علیه‌وآله‌وسلم را به شاعری متهم می‌کنند.

«شعر» در لغت عرب، صرفاً به معنای نظم در سخن نیست؛ بلکه جنبه خیال‌پردازانه دارد؛[1] ازاین‌رو اتهام شعر به قرآن و اتهام شاعری به

۱. صاحب قاموس قرآن در معنای این واژه می‌نویسد: «شعر در اصل به معنی دانستن و توجّه خاصّ است و در اصطلاح به کلام موزون و قافیه‌دار اطلاق می‌شود که در آن دقت و ذوق مخصوص به کار رفته است. شاعر گوینده چنین کلامی است. باید اضافه کرد که شعر بیشتر توأم با تخیّلات است که در خارج مصداق حقیقی ندارند و شاعر به قدرت خیال خویش آن‌ها را در قالب الفاظ ریخته است علی هذا باید شعر را کلام خیالی و شاعر را خیال‌پرداز بگوییم؛ کفار مکّه که رسول خدا صلی‌الله‌علیه‌وآله‌وسلم

رسول خدا صلی‌الله‌علیه‌وآله‌وسلم، در حقیقت اتهام مضامین چیده شده و شعرگونه از جنس خیال‌بافی و اوهام بی‌اساس است.

۲. «لِيُنْذِرَ مَنْ كانَ حَيًّا وَ يَحِقَّ الْقَوْلُ عَلَى الْكافِرِينَ»؛ بیان غایت تعلیم قرآن به رسول خدا صلی‌الله‌علیه‌وآله‌وسلم بعد از نفی اتهام در آیه قبل، جهت‌گیری کافران در اتهام به قرآن کریم را مشخّص می‌کند؛ وقتی بعد از نفی اتهام از قرآن، به غایت انذاری آن اشاره می‌شود، معلوم می‌شود که کافران به جهت خوش‌نداشتن همین غایت، قرآن را متهم کرده‌اند.
قرآن را شعر و رسول خدا صلی‌الله‌علیه‌وآله‌وسلم را شاعر می‌نامند تا جلوی تحقق اهداف رسالت انذاری رسول خدا صلی‌الله‌علیه‌وآله‌وسلم را بگیرند.

سیر هدایتی

وَ ما عَلَّمْناهُ الشِّعْرَ وَ ما يَنْبَغي لَهُ إِنْ هُوَ إِلاَّ ذِكْرٌ وَ قرآن مُبينٌ ﴿٦٩﴾

و به او شعر تعلیم ندادیم و برایش سزاوار نیست، آن نیست مگر یادآوری و قرآنی آشکار.

«وَ ما عَلَّمْناهُ الشِّعْرَ وَ ما يَنْبَغي لَهُ»، شروع سخن در سیاق اتهام شعر خیال‌بافانه به قرآن، با واژه «علّمنا» از مصدر «تعلیم» است؛ آنچه رسول خدا صلی‌الله‌علیه‌وآله‌وسلم ابلاغ می‌کند، شعر بی‌اساس خیال‌بافانه نیست بلکه تعلیم خدای متعالی، پروردگار عالم است؛ نه او سخنی خیال‌بافانه و بی‌اساس تعلیم می‌دهد و نه رسول خدا صلی‌الله‌علیه‌وآله‌وسلم سزاوار دریافت چنین سخنانی است.

اشاره به اینکه رسول خدا صلی‌الله‌علیه‌وآله‌وسلم سزاوار دریافت سخنان بی‌اساس نیست، استدلالی در ضمن خود دارد؛ استدلال به اینکه، شما رسول خدا صلی‌الله‌علیه‌وآله‌وسلم را با ویژگی‌های منطقی و معقولش می‌شناسید؛ روشن است که اتهام دریافت و ابلاغ سخنان بی‌اساس و خیال‌پردازانه از شخصیت عاقل و فرهیخته‌ای

را شاعر می‌گفتند منظورشان آن بود که این شخص خیال‌پرداز است و کلماتش واقعیّت ندارد. چنانکه خواهد آمد.»(ج ۴، ص ۴۳)

مانند او سزاوار نیست.

آیه، بعد از نفی اتهام از ساحت قرآن و رسول‌خدا ﷺ، در جنبه ایجابی از ماهیت قرآن کریم سخن می‌گوید؛ «إِنْ هُوَ إِلاَّ ذِكْرٌ وَ قرآن مُبِينٌ»، آنچه باعث شده که کافران برعلیه قرآن و رسول مبلّغ آن، موضع اتهام‌زنی بگیرند، یادآوری حقایقی است که آن‌ها خوش ندارند؛ خبر از عاقبت سخت بداندیشی و بدرفتاری، خیال آسوده آن‌ها را درهم می‌ریزد و آن‌ها از همین می‌گریزند؛ بله قرآن شعر خیال‌بافانه نیست بلکه از جنس «ذکر» یعنی یادآوری است.

بزرگ‌ترین دلیل این مدعا، خود این سخنان است؛ «قرآن مبین»؛ «قرآن» یعنی جمع‌آوری‌شده، آنچه حاصل جمع آیات و سوره‌ها و ضمیمه‌شدن آن‌ها به یکدیگر است[1] و «مبین» یعنی آشکار و روشن[2]؛ قرآن کتابی نیست که رصد حقایقش در دسترس نباشد، قرآن، حاصل جمع آیات و سوره‌هایی از کلام است که به روشنی سخن گفته است؛ آیا آنچه در مورد آیات و نشانه‌های دیدنی عالم می‌گوید شعر است؟ یا اخباری که از عاقبت اقوام پیشین می‌گوید، خیال است و یا آنچه از حقیقت مرگ پیش روی انسان می‌گوید، وهم است؟ آفتاب آمد دلیل آفتاب؛ بزرگ‌ترین دلیل بر اینکه قرآن از جنس حقیقت است، سخنان قرآن از حقیقت است؛ سخن از حقیقتی که درک آن برای کسی که انصاف را دفن نکرده باشد، سخت نیست.

بعد از نفی اتهام از قرآن و تبیین ماهیت ذکری آن در آیه قبل، آیه ۷۰، از غایت انزال قرآن بر قلب رسول‌خدا ﷺ سخن می‌گوید:

لِيُنْذِرَ مَنْ كانَ حَيًّا وَ يَحِقَّ الْقَوْلُ عَلَى الْكافِرِينَ ﴿۷۰﴾

تا انذار دهد کسی را که زنده است و قول بر کافران محقق می‌شود.

---

۱. ر.ک: قاموس قرآن، ج ۵، ص ۲۶۰.

۲. ر.ک: قاموس قرآن، ج ۱، ص ۲۵۷.

غایت انزال قرآن بر رسول خدا ﷺ:

الف) «لِیُنْذِرَ مَنْ کانَ حَیًّا» انذار کسانی است که هنوز قلب زنده‌ای دارند. سیاق نخست سوره از دو گروه در مواجهه با انذار سخن گفت: گروه نخست که در غفلتی عمیق‌اند و از شدّت انذارناپذیری چشم و گوش آن‌ها به روی حقیقت بسته شده؛ و گروه دوم که از «ذکر» پیروی می‌کنند و به سبب ایمان به غیبی که رسولان از آن خبر آورده‌اند، از پروردگار خویش خشیت پیشه می‌کنند. بعد از آنکه در آیه قبل از «ذکر» بودن قرآن سخن گفته شد، در این آیه از انذارپذیری کسانی سخن گفته می‌شود که چشم و گوش باطن آن‌ها برای درک حقیقت بسته نیست و قلب زنده‌ای دارند که حقیقت را می‌پذیرد.

ب) «وَ یَحِقَّ الْقَوْلُ عَلَی الْکافِرِینَ»؛ تنها تأثیر «ذکر» در قرآن مبین، انذار انذارپذیران نیست؛ در مقابل آن‌ها کافرانی هستند که انذار نمی‌پذیرند؛ کافرانی که به تصریح سیاق نخست سوره و سیاق حاضر، با انذار دوباره اتمام حجّت می‌شوند و «قول» عذاب الهی بر ایشان تحقق می‌یابد.

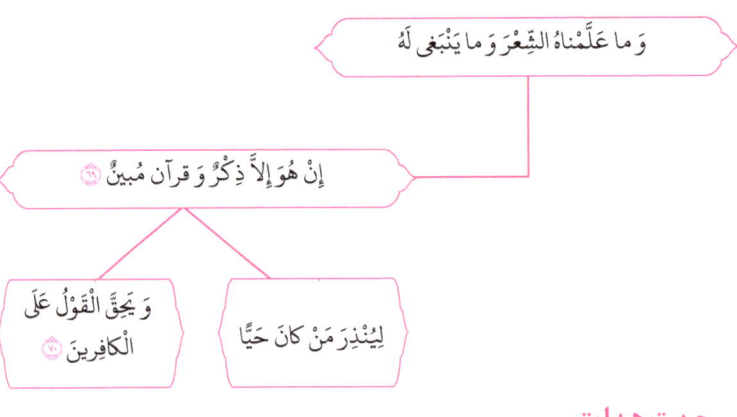

جهت هدایتی

دو آیه این سیاق در مقابله با فضای اتّهام پراکنی بر علیه قرآن به منظور مخدوش کردن رسالت انذاری، مکمّل یکدیگر است:

آیه ۶۹، اتهام شعر به قرآن و اتهام شاعری به رسول خدا ﷺ را رد کرده و در

ادامه ماهیت ذکر روشنگرانه قرآن را معرفی می‌کند.

آیه ۷۰، هدف از تعلیم قرآن به رسول خدا صلی‌الله‌علیه‌وآله‌وسلم را در دو جنبه انذار انذارپذیران و اتمام حجّت وعده عذاب برای کافران معرفی می‌کند.

تبیین ماهیت روشنگرانه و هدف منذرانه قرآن در مقابله با اتهام به رسالت انذاری

آنچه به رسول تعلیم دادیم شعر نیست بلکه محتوای رسالت انذاری اوست.

سیاق ششم: آیه ۷۱ تا ۷۶

أَ وَ لَمْ يَرَوْا أَنَّا خَلَقْنا لَهُمْ مِمَّا عَمِلَتْ أَيْدينا أَنْعاماً فَهُمْ لَها مالِكُونَ ﴿٧١﴾
وَ ذَلَّلْناها لَهُمْ فَمِنْها رَكُوبُهُمْ وَ مِنْها يَأْكُلُونَ ﴿٧٢﴾ وَ لَهُمْ فيها مَنافِعُ وَ مَشارِبُ أَ
فَلا يَشْكُرُونَ ﴿٧٣﴾ وَ اتَّخَذُوا مِنْ دُونِ اللهِ آلِهَةً لَعَلَّهُمْ يُنْصَرُونَ ﴿٧٤﴾ لا يَسْتَطيعُونَ
نَصْرَهُمْ وَ هُمْ لَهُمْ جُنْدٌ مُحْضَرُونَ ﴿٧٥﴾ فَلا يَحْزُنْكَ قَوْلُهُمْ إِنَّا نَعْلَمُ ما يُسِرُّونَ وَ
ما يُعْلِنُونَ ﴿٧٦﴾

فضای سخن

۱. «أَ وَ لَمْ يَرَوْا أَنَّا خَلَقْنا لَهُمْ مِمَّا عَمِلَتْ أَيْدينا أَنْعاماً فَهُمْ لَها مالِكُونَ»؛ خلقت چهارپایان برای خدمتگزاری به انسان، یکی از نشانه‌های ربوبیّت یعنی پروردگاری خدا است؛ استشهاد به این نشانه، حاکی از فضای بی‌توجّهی به ربوبیّت الهی است.

۲. «وَ لَهُمْ فيها مَنافِعُ وَ مَشارِبُ أَ فَلا يَشْكُرُونَ * وَ اتَّخَذُوا مِنْ دُونِ اللهِ آلِهَةً لَعَلَّهُمْ يُنْصَرُونَ»؛ این آیه از دو جهت مکمل یکدیگر بوده و فضای

سخن سیاق را روشن می‌کند:

الف) سؤال توبیخی «أَ فَلا یَشْکُرُونَ»، بعد از اشاره به نشانه‌های ربوبیت الهی، توبیخ نسبت به عدم شکر در مقابل پروردگار عالم است؛ همان‌طور که در سیاق سوم سوره گفته شد، شکر مورد نظر در چنین مقامی، شکر عملی به معنای التزام به قبول پروردگاری خدا در عالم و فرمان‌برداری از اوست. ازاین‌رو آیات در ادامه، بعد از توبیخی که حاکی از عدم‌شکرگزاری عملی است، از جایگزین آن در مرام کافران سخن می‌گوید:

ب) آن‌ها به جای پذیرش پروردگاری خدا در عالم، «وَ اتَّخَذُوا مِنْ دُونِ اللهِ آلِهَةً لَعَلَّهُمْ یُنْصَرُونَ» خدایان دیگری برای خود برگزیده‌اند و دل‌خوش به حمایت آن‌ها هستند؛ به جای شُکر و بندگی خدا، به شرک روی آورده‌اند.

۳. «فَلا یَحْزُنْكَ قَوْلُهُمْ إِنَّا نَعْلَمُ ما یُسِرُّونَ وَ ما یُعْلِنُونَ»؛ این آیه نیز از دو جهت، در شناخت فضای سخن کمک می‌کند:

الف) از این آیه می‌توان فهمید که سخنان برآمده از شرک در ربوبیت الهی، رسول خدا صلی‌الله‌علیه‌وآله‌وسلم را محزون کرده است؛ بی‌شک آنچه رسول خدا صلی‌الله‌علیه‌وآله‌وسلم را محزون می‌کند، صرفاً ناراحتی از سخنان ناروا نیست؛ آنچه ایشان را محزون ساخته، تأثیر سخنان آن‌ها در بازداری از پیشبرد رسالت انذاری است؛ آیات این سیاق به سخنی از آن‌ها اشاره نکرده اما از سیاق قبل می‌توان سخن آن‌ها در اتهام شاعری را برداشت کرد و همچنین در سیاق بعد، سخن آن‌ها در شبهه‌افکنی در مورد معاد مطرح شده است؛ این سخنان در راستای مقابله با رسالت انذاری رسول خدا صلی‌الله‌علیه‌وآله‌وسلم و سنگ‌اندازی در مسیر ایمان مردم به رسالت انذاری ایشان است.

ب) «إِنَّا نَعْلَمُ ما يُسِرُّونَ وَ ما يُعْلِنُونَ»، در انتهای سیاق آمده و به «فَلا يَحْزُنْكَ قَوْلُهُمْ»، ضمیمه شده است؛ گزینه روشن آنچه آن‌ها آشکار می‌کنند، سخنانی است که در مورد رسول خدا ﷺ و پیام انذاری ایشان می‌گویند؛ سخنانی که از سیاق قبل و بعدی قابل برداشت است؛ اما مراد از آنچه پنهان می‌کنند، باورهای سست و بی‌دلیلی است که جرأت اظهار آن را ندارند؛ چنانکه خواهد آمد، آیات این سیاق، درصدد افشای این باورهای سست و به چالش کشیدن کافران در مورد آن‌هاست؛ باورهایی از قبیل کفر به پروردگاری خدا، با وجود نشانه‌های روشن و اعتماد به تکیه‌گاه‌هایی که دلیلی بر قدرت آن‌ها در حمایت از کافران نیست.

۴. اولین نقطه برای بازگشت ضمایر غیابی «هم» در این آیات، «کافرین» در انتهای سیاق قبل است. کسانی که به بیان‌های مختلف در سوره معرفی شده‌اند و این سیاق نیز در بیانی جدید از آن‌ها سخن می‌گوید.

کافران با سخنانی از جنس اتهام و شبهه‌پراکنی، درصدد بازداری رسول خدا ﷺ از پیشبرد امر رسالت انذاری‌اند؛ آن‌ها در حالی از حربه اتّهام بهره می‌گیرند که باورهای پنهانی خودشان در مورد پروردگاری خدا در عالم، بیش از هر چیز دیگری، متّهم به سستی و ضعف است.

سیر هدایتی

آیات سیاق ششم، با اشاره به شواهد روشنی از پروردگاری خدا در عالم آغاز می‌شود تا در کنار تبیین سستی باور کافران به ربوبیّت با وجود نشانه‌های روشن، ایشان را به مسیر روشن ایمان به ربّ و التزام در فرمان برداری از او دعوت کند:

أَ وَ لَمْ يَرَوْا أَنَّا خَلَقْنا لَهُمْ مِمَّا عَمِلَتْ أَيْدِينا أَنْعاماً فَهُمْ لَها مالِكُونَ ﴿۷۱﴾

و آیا ندیدند اینکه ما برای ایشان، از آنچه دستان ما به عمل آورد، چهارپایانی خلق کردیم، پس ایشان مالکان آن‌ها هستند.

بخش مهمی از نیازهای انسان، از طریق چهارپایانی که خدای عالم آفریده و در اختیار انسان‌ها قرار داده است، تأمین می‌شود؛ نظر در این پدیده‌های پرکاربرد که هرکدام با نیاز مهمی از نیازهای انسان در ارتباط است، می‌تواند به روشنی مدیریت عالم توسط قدرت برتر بالاتری را اثبات کند؛ قدرتی که به هنگام خلقت این موجودات آن‌ها را متناسب با نیازهای انسان‌ها آفریده و در اختیار ایشان قرار داده است.

تعبیر «مِمَّا عَمِلَتْ أَيْدِينا» برای اشاره به قدرت پروردگار عالم در خلق این نعمات بدون واسطه‌گری هیچ‌کس دیگر است؛ استفاده از این تعبیر پیش از «فَهُمْ لَها مالِكُونَ»، در این آیه از نکته‌ای مهم حکایت دارد؛ شاید باور به قدرت پروردگار برتر و اقرار به مدیریت عالم توسط او از دیدن نشانه‌هایی که انسان‌ها در ساخت آن دخالت دارند، سخت‌تر باشد؛ هرچند در آنجا نیز به وضوح می‌توان مدیریت خالقی را که ظرفیت‌ها را خلق کرده و برای بهره‌مندی انسان‌ها فراهم ساخته مشاهده کرد، مانند برخی از پدیده‌هایی که در سیاق سوم به آن‌ها اشاره شد؛ همچون کشتی و ...؛ اما برخی پدیده‌ها با تمام ویژگی‌هایی که دقیقاً با نیازهای انسان‌ها هماهنگ‌سازی شده، بی‌واسطه مخلوق پروردگار عالم است و مدیریت نیازهای انسان توسط پروردگار عالم، سبب شده که این نعمات در بهترین شرایط در اختیار انسان‌ها قرار بگیرد؛ از جمله نعمت چهارپایان که مخلوق خدای قادر است و بعد از خلق، در اختیار انسان‌ها قرار گرفته و آن‌ها چهارپایان را مالک شده‌اند تا از آن‌ها بهره ببرند.

وَ ذَلَّلْناها لَهُمْ فَمِنْها رَكُوبُهُمْ وَ مِنْها يَأْكُلُونَ ﴿۷۲﴾

و آن را برایشان رام کردیم، پس از آن‌هاست سواری ایشان و از آن‌ها می‌خورند.

آیه ۷۲، به ویژگی مهم دیگری در مدیریت نیازهای انسان از راه آفرینش چهارپایان اشاره می‌کند؛ ویژگی دیگری که اگر نبود، بهره‌برداری انسان‌ها از این نعمت بزرگ پروردگار ممکن نبود؛ «وَ ذَلَّلْناها لَهُمْ» پروردگار عالم، چهارپایان را با این همه ویژگی قابل استفاده آفریده تا انسان‌ها در راستای رفع نیازهای خود، از آن‌ها استفاده کنند؛ مانع بزرگی را هم از پیش پای آن‌ها برداشته است؛ پروردگار عالم، چهارپایانی را که بیشترین بهره را برای انسان دارند، رام انسان‌ها قرار داده است؛ برخلاف دیگر حیوانات که به طبعِ وحشی خود از انسان‌ها فراری‌اند، یا حتی به انسان‌ها حمله‌ور می‌شوند، چهارپایانی که در اختیار انسان‌ها هستند تا حدّی رام شده‌اند که مرکب انسان‌ها می‌شوند و از گوشت تنشان غذای انسان تأمین می‌شود.

بعد از اشاره به خلقت حکیمانه و متناسب با نیازها و ویژگی مهم متمایزکننده چهارپایان اهلی از وحشی، نوبت به بیان کاربردهای این نعمات می‌رسد؛ ادامه این آیه و ابتدای آیه بعد، در دو مرحله از اهم به مهم، به سرفصل‌های بهره‌مندی انسان‌ها از این پدیده‌های عالم خلقت اشاره می‌کند؛ «فَمِنْها رَکُوبُهُمْ وَ مِنْها یَأْکُلُونَ»، اهم کاربردهای چهارپایان برای انسان، سواری و تأمین گوشت برای خوراک انسان‌ها است.

هرچند آیات با اشاره از این دو کاربرد گذشته است اما با اندک دقّتی می‌توان به انواع بهره سواری و باری در انواع چهارپایان توجّه کرد؛ از چهارپایانی مانند اسب‌ها که برای سواری با سرعت زیاد ساماندهی شده‌اند تا الاغ‌ها که برای حمل بار مناسب هستند؛ یا شترها که ویژگی‌های خارق‌العاده‌ای در تأمین نیاز سواری انسان برای مسافت‌های طولانی در دل بیابان‌ها دارند؛ پلک شفاف روی چشم‌هایشان، برای امکان دیدن و حرکت با وجود طوفان شن، پاهای پهن برای بازداری از فرورفتن در شن و مانع‌شدن از حرکت، توان تحمل گرسنگی و تشنگی حتی برای مدّت طولانی چهل‌روزه، تنظیم ارتفاع

برای سواری و بار زدن و... .

در مورد گوشت‌ها نیز همین تفاوت‌ها قابل ارزیابی است؛ تفاوت بین گوشت لطیف گوسفند و گوشت شتر با گوشت گوساله و گاو در طبع و... .

مجموعه‌ای از امکانات، برای بهره‌مندی انسان‌ها از انواع بهره‌های چهارپایان در آفرینش و تدبیر آن‌ها توسط پروردگار عالم لحاظ شده است. از این میان برخی مناسب سواری و برخی مناسب استفاده از گوشتشان هستند و برخی به طرز خارق‌العاده‌ای ازهرجهت مناسب با نیازهای انسان آفریده شده‌اند و از همین رو، نشانه بزرگ تدبیر امر انسان به دست پروردگاری حکیم و قدرتمند هستند؛ مانند شتر که به بیان ویژه در سوره غاشیه، مورد اشاره برای ایمان به ربوبیّت قرار گرفته است: «أفلا ینظرون إلی الإبل کیف خلقت»[1]؛ استفاده‌های متنوّع و مناسب‌سازی‌شده سواری و باری و استفاده از گوشت و دیگر منافع فراوانی که از شیر و پشم و... در این پدیده خلقت نهادینه شده، نظر هر منصف اهل اندیشه‌ای را به خالق مدبّر آن جلب می‌کند.

وَ لَهُمْ فیها مَنافِعُ وَ مَشارِبُ أَ فَلا یَشْکُرُونَ ﴿۷۳﴾

و برای ایشان در آن منفعت‌ها و نوشیدنی‌هایی است، پس آیا شکر نمی‌کنند؟

همان‌طور که اشاره شد، آیه ۷۳ در ابتدا، اشاره به منافع متنوع از چهارپایان را ادامه داده است؛ اهمّ منافع چهارپایان، استفاده از سواری و بارکشی و گوشت آن‌هاست؛ امّا این، همه منافع آنها نیست؛ این پدیده‌های خلقت، نیازهای دیگری نیز از انسان‌ها برطرف کرده و می‌کنند؛ «وَ لَهُمْ فیها مَنافِعُ» منافع فراوان در بهره‌مندی در زراعت و شخم زمین و فضولات مؤثّر در تقویت زمین برای زراعت و باغداری و استفاده از پشم و پوست برای تأمین پارچه و لباس و چرم و... و «مَشارِبُ» نوشیدنی‌ها از شیر این حیوانات که هم خود

۱. سوره غاشیه، آیه ۱۷.

قابل بهره‌برداری است و هم مایه اولیه فرآورده‌های دیگر است.

آنچه در این آیات آمده، از سویی همه و همه نشانه خلقت عالمانه و تدبیر حکیمانه این پدیده‌ها، متناسب با انواع نیازهای انسان‌هاست و واسطه‌ای برای شناخت پروردگار حکیم عالم است و از سوی دیگر، بارها و بارها باید حس شکرگزاری را در انسان زنده کند؛ «أَ فَلا یَشْکُرُونَ»، سؤال توبیخی از انسان‌هایی است که از این همه نعمت، بهره می‌برند و از صاحب این نعمات، یعنی پروردگار آن‌ها غافل‌اند و به جای پرستش و عبادت او که سزاوار پرستش است و به جای امید به یاری او که سابقه یاری دارد و تنها سزاوار برای یاری انسان‌هاست:

وَ اتَّخَذُوا مِنْ دُونِ اللهِ آلِهَةً لَعَلَّهُمْ یُنْصَرُونَ ﴿۷۴﴾

و معبودانی غیر از خدا گرفتند، به امید آنکه ایشان یاری شوند.

به معبودان خیالی از جنس ملک و جنّ و... امید بستند و خدای حقیقی عالم را رها کردند؛ غافل از اینکه:

لا یَسْتَطیعُونَ نَصْرَهُمْ وَ هُمْ لَهُمْ جُنْدٌ مُحْضَرُونَ ﴿۷۵﴾

استطاعت یاری ایشان را ندارند و آن‌ها بر ایشان لشکری حاضرشده‌اند.

«لا یَسْتَطیعُونَ نَصْرَهُمْ»، آن‌ها هرکس که باشند، توان یاری‌رساندن به انسان‌ها در مقابل اراده الهی را ندارند.

«وَ هُمْ لَهُمْ جُنْدٌ مُحْضَرُونَ»؛ این جمله از آیه، اشاره به نکته‌ای لطیف در اثبات عدم توانایی خدایان خیالی برای نصرت انسان در مقابل اراده الهی است؛ این جمله، استدلالی عمیق در ضمن خود دارد؛ آن‌ها امید به یاری پروردگاری را که سابقه یاری ایشان را دارد و در نشانه‌های فراوانی، قدرت و پروردگاری‌اش ثابت می‌شود، رها کرده‌اند و به یاری خدایان دیگر، دل‌خوش شده‌اند؛ خدایانی که نه‌تنها سابقه‌ای از نعمت‌رسانی و نصرت انسان ندارند که اکنون خود مشرکان هستند که مانند لشکری حاضر به یراق در تأمین

هدایا و نذورات و تکریم آن‌ها می‌کوشند؛ این خود نشانه‌ای بزرگ بر احمقانه و بی‌اساس بودن این خیال است.

آنچه گذشت، افشای باور مبتذل پشت پرده کسانی است که زبان بر اتهام و شبهه بر علیه رسول منذر بازکرده‌اند؛ اتهامات خود را بیان می‌کنند و باور سخیف خود را می‌پوشانند. باور سخیفی که پروردگاریِ روشن پروردگار مقتدر عالم را با این همه نشانه نمی‌پذیرد و همو به یاری خدایانی خیالی که سابقه‌ای در نعمت و یاری ندارند، دل خوش کرده است؛ به‌جای شکر پروردگار عالم، شرک را برگزیده است؛ خدای متعالی بعد از افشای این باور سخیفِ پشت پرده، به نتیجه افشای آن در پایان این سیاق تصریح می‌کند:

فَلا یَحْزُنْكَ قَوْلُهُمْ إِنَّا نَعْلَمُ ما یُسِرُّونَ وَ ما یُعْلِنُونَ ﴿۷۶﴾

پس قول ایشان تو را محزون نکند قطعاً ما به آنچه پنهان می‌دارند و آنچه آشکار می‌سازند، علم داریم.

«فَلا یَحْزُنْكَ قَوْلُهُمْ» سخنان آن‌ها در مورد تو، تو را محزون و آزرده‌خاطر نکند؛ «إِنَّا نَعْلَمُ ما یُسِرُّونَ وَ ما یُعْلِنُونَ»، «إنّ» نقش تعلیلی دارد؛ تو از این سخنان محزون نباش؛ زیرا ما که از نهان و آشکار آن‌ها باخبریم، می‌دانیم که آن‌ها پروردگاری خدای یکتا بر عالم را قبول ندارند و به خدایان خیالی دل خوش کرده‌اند؛ هرچند این باور خود را ظاهر نمی‌کنند و تنها از سر جنگ با تو برآمده و تو را به سخنان بی‌اساس متهم می‌کنند.

البته این به معنای آن نیست که کفر آن‌ها به پروردگاری عالم تأسف‌آور و حزن‌آور نیست؛ بلکه آیات درصدد تبیین این حقیقت است که مشکل آن‌ها، در عدم پذیرش رسول خلاصه نمی‌شود، که مثلاً با تغییر رسول منذر، حل شود؛ بلکه ریشه اصلی و پنهان مشکل آن‌ها، عدم باور به توحید ربوبی و اتکا به خدایان خیالی برای فرار از قید بندگی پروردگار عالم است و در راستای همین باور سخیف است که در ظاهر رسول منذر را هدف اتهامات و سخنان ناروای خود قرار می‌دهند.

جهت هدایتی

آیات سیاق ششم، در سه دسته قابل بررسی است:

دسته اول، آیه ۷۱ تا ۷۳: با بیان نشانه روشنی از پروردگاری خدا در عالم، در نمونه خلقت چهارپایان، به شاکر نبودن کافران نسبت به این نعمات اشاره و ایشان را توبیخ کرد؛ مراد از شکر در این آیات، شکر عملی در پذیرش پروردگاری عالم یعنی التزام به آن است؛ بنابراین می‌توان گفت، این آیات توبیخ نسبت به بی‌توجهی کافران به نشانه روشن پروردگاری عالم و دوری از خط شکر در این باره است.

دسته دوم، آیه ۷۴ و ۷۵: از رویکرد مشرکانه کافران در امید بستن به یاری خدایان دیگر سخن گفته است.

دسته سوم، آیه ۷۶: با استناد به علم خدا از نهان و آشکار کافران،

رسول خدا صلی‌الله‌علیه‌وآله‌وسلم را از تأثیرپذیری و حزن در برابر سخنان ناروای کافران برحذر داشت.

دو دسته نخست، از دو رویکرد غلط کافران که باور پشت پرده آن‌هاست، سخن گفته است؛ دوری از شکر و انتخاب شرک، دو رویکردی که غلط بودن و بی‌اساس بودن هرکدام در دسته مربوط به خود، توضیح داده شده است؛ برآیند این دو دسته، پرده‌برداری از ابتذال اعتقادی کافران است.

با توجه به «فاء» در ابتدای دسته سوم، این دسته از آیات، در مقام نتیجه‌گیری از محتوای منسجم دو فراز نخست، پیامبرش را دلداری می‌دهد و این بیان را با علم خود به پنهان و آشکار تعلیل می‌کند.

با این چینش، می‌توان نتیجه گرفت که دو دسته نخست، زمینه‌سازی برای جهت‌گیریِ بیان‌شده در دسته سوم است:

افشای باور سخیف کافران به منظور دفاع از رسول منذر

مشرکان به جای شکر و پرستش پروردگار عالم، با انتخاب آلهه و به امید شفاعت آن‌ها در مسیر شرک حرکت می‌کنند؛ آنگاه این باور را پنهان کرده و تو را متّهم می‌کنند؛ تحت تأثیر سخنان ایشان قرار مگیر و از این سخنان محزون نشو.

سیاق هفتم: آیه ۷۷ تا آیه ۸۳

أَ وَ لَمْ يَرَ الْانسان أَنَّا خَلَقْناهُ مِنْ نُطْفَةٍ فَإِذا هُوَ خَصيمٌ مُبينٌ ﴿۷۷﴾ وَ ضَرَبَ
لَنا مَثَلاً وَ نَسِيَ خَلْقَهُ قالَ مَنْ يُحْيِ الْعِظامَ وَ هِيَ رَميمٌ ﴿۷۸﴾ قُلْ يُحْيِيهَا الَّذي
أَنْشَأَها أَوَّلَ مَرَّةٍ وَ هُوَ بِكُلِّ خَلْقٍ عَليمٌ ﴿۷۹﴾ الَّذي جَعَلَ لَكُمْ مِنَ الشَّجَرِ الْأَخْضَرِ
ناراً فَإِذا أَنْتُمْ مِنْهُ تُوقِدُونَ ﴿۸۰﴾ أَ وَ لَيْسَ الَّذي خَلَقَ السَّماواتِ وَ الْأَرْضَ بِقادِرٍ

عَلى أَنْ يَخْلُقَ مِثْلَهُمْ بَلى وَ هُوَ الْخَلاَّقُ الْعَليمُ ﴿۸۱﴾ إِنَّما أَمْرُهُ إِذا أَرادَ شَيْئاً
أَنْ يَقُولَ لَهُ كُنْ فَيَكُونُ ﴿۸۲﴾ فَسُبْحانَ الَّذي بِيَدِهِ مَلَكُوتُ كُلِّ شَيْءٍ وَ إِلَيْهِ
تُرْجَعُونَ ﴿۸۳﴾

فضای سخن

۱. «وَ ضَرَبَ لَنا مثلاً وَ نَسِيَ خَلْقَهُ قالَ مَنْ يُحْيِ الْعِظامَ وَ هِيَ رَميمٌ»؛ این آیه به فضای سخن سیاق حاضر، تصریح دارد؛ سخن نقل‌شده در این آیه، شبهه‌افکنی در مورد زنده‌شدن مردگان بعد از مرگ با مثال زدن از تبدیل پیکر مردگان به استخوان‌های پوسیده است.

۲. «أَ وَ لَمْ يَرَ الْانسان أَنَّا خَلَقْناهُ مِنْ نُطْفَةٍ فَإِذا هُوَ خَصيمٌ مُبينٌ»؛ این آیه توبیخ نسبت به بی‌توجهی انسان به خلقت خود از نطفه و اشاره به دشمنی آشکار انسان با حقایق الهی عالم است؛ حضور این آیه در ابتدای سیاق، قبل از اشاره به شبهه‌افکنی انسان، نشان می‌دهد، این سؤال، سؤالی حقیقی نیست؛ بلکه سؤالی انکاری و در راستای مقابله با پیام انذاری رسول خدا صلی‌الله‌علیه‌وآله‌وسلم است.

۳. با توجه به قرینه قبلی، شبهه مورد نظر در سیاق، از سوی کافران رسالت انذاری طرح‌ریزی و ارائه شده است؛ استفاده از عنوان «انسان» در ابتدای آیات این سیاق، مانع از این ادعا نیست؛ زیرا این انتخاب به جهت تناسب با پاسخ شبهه، صورت پذیرفته است؛ در ادامه خواهد آمد که این پاسخ، حقیقت انسانی شبهه‌کننده را یادآوری کرده تا به خلقت ابتدایی او استشهاد کند.

سعی دارند تا با شبهه‌افکنی در مورد زنده شدن مردگان، زیربنای اصلی پیام انذاری رسول خدا صلی‌الله‌علیه‌وآله‌وسلم یعنی معاد را زیر سؤال ببرند.

سیر هدایتی

آیات سیاق هفتم، سخن را با پاسخی تعریض‌گونه به شبهه آغاز می‌کند، نه با خود شبهه؛ یکی از اسلوب‌های قرآن کریم در پاسخ به شبهه، اشاره به پاسخ قبل از شبهه است؛ جایی که این کار، با بیانی کنایی، قوّت شبهه را تضعیف می‌کند:

أَوَلَمْ يَرَ الْانسان أَنَّا خَلَقْناهُ مِنْ نُطْفَةٍ فَإِذا هُوَ خَصيمٌ مُبينٌ ﴿۷۷﴾

و آیا انسان ندید اینکه ما او را از نطفه‌ای آفریدیم؛ پس ناگهان او خصمی آشکار شده است؟

او که می‌خواهد در مورد زنده شدن مردگان بعد از تبدیل به استخوان‌ها شبهه کند، مگر فراموش کرده که چگونه آفریده شده است؟ آیا این انسان در نمونه‌های فراوان پیش رویش، نمی‌بیند که خلقت او و امثال او از نطفه بوده است که اکنون به دشمنی آشکار با این حقیقت برخاسته است؟

تعریض برآمده از این پاسخ، یادآوری حقارت انسان در مرحله اولیه خلقت و مقایسه آن با قامت راست کردن او برای دشمنی با حقیقتی الهی است؛ اینکه شبهه‌کننده دشمن، همان کسی است که روزی نطفه‌ای بیش نبوده و آفرینش و پروردگاریِ پروردگار عالم او را تا این نقطه رسانده است.

البته این تعریض، سخن ضمنی آیه است و اصل سخن در آیه، اشاره به نشانه‌ای روشن بر قدرت الهی برای آفرینش دوباره انسان‌ها است؛ رابطه بین دقّت در این نشانه و پاسخ به شبهه این انسان روشن است؛ معلوم است خدایی که می‌تواند انسان را از نطفه‌ای ترکیب شده از جنس مایع بیافریند، توان آفرینش دوباره او از استخوان‌های پوسیده را هم دارد.

با وجود روشنی جواب، آیات سیاق سخن را ادامه داده تا شبهه و جواب شبهه را به صراحت در لسانی توبیخ‌آمیز تبیین کند:

وَ ضَرَبَ لَنا مَثَلاً وَ نَسِيَ خَلْقَهُ قالَ مَنْ يُحْيِ الْعِظامَ وَ هِيَ رَمِيمٌ ﴿۷۸﴾

و برای ما مثلی زد درحالی‌که آفرینش خود را فراموش کرد؛ گفت چه کسی استخوان‌ها را زنده می‌کند درحالی‌که آن پوسیده شده است؟

«رمیم»، به معنای استخوان پوسیده است.[۱]

همان انسانی که خود از نطفه‌ای ناچیز آفریده شده، امروز در برابر آفریدگار خود ایستاده و برای او مثال از استخوانی پوسیده می‌زند؛ او گفت: چه کسی این استخوان‌ها را درحالی‌که پوسیده است، دوباره زنده می‌کند؟

او به خیال خود شبهه‌ای بی‌جواب در میان انداخته و با رفتار تبلیغاتی خود بازار این شبهه را گرم کرده است؛ غافل از اینکه پاسخ تعریض‌آمیز پروردگار در ابتدای این سیاق، هیمنه او و شبهه‌اش را در هم شکسته و اکنون جواب روشن شبهه او این است:

قُلْ يُحْيِيهَا الَّذي أَنْشَأَها أَوَّلَ مَرَّةٍ وَ هُوَ بِكُلِّ خَلْقٍ عَليمٌ ﴿۷۹﴾

بگو زنده می‌کند آن را همان کسی که نخستین بار آن را ایجاد کرد و او به هر خلقی علیم است.

«قُلْ يُحْيِيهَا الَّذي أَنْشَأَها أَوَّلَ مَرَّةٍ»، همان کسی که برای بار اول، پیش از اینکه نسخه‌ای از این انسان وجود داشته باشد، از نطفه‌ای او را آفریده، بار دیگر آن استخوان‌های پوسیده را زنده خواهد کرد.

یکی از نکات لطیف این آیه، تقابل «احیاء» و «انشاء» است؛ «إنشاء» از ریشه «نشأ» به معنای پدید آوردن است[۲] و «احیاء» به معنای زنده کردن؛ بی‌تردید، «إنشاء» به این معنا از نظر رتبه، قبل از «إحیا» و در ظاهر سخت‌تر از آن است، کسی که موجودی را برای بار اول «إنشاء» کرده، بدون شک قدرت بر

---

۱. ر.ک: قاموس قرآن، ج ۳، ص ۱۲۳.

۲. ر.ک: قاموس قرآن، ج ۷، ص ۶۳.

«إحیا»ی آن را هم دارد.

«وَ هُوَ بِكُلِّ خَلْقٍ عَلیمٌ»، اشاره به علم کامل و فراگیر الهی در مورد همه موجودات است؛ آنچه پیش از قدرت بر زنده‌کردن دوباره انسان، جای سؤال است، علم نسبت به مخلوقی به نام انسان است؛ مخلوقی که پوسیده و متلاشی شده و اکنون قرار است دوباره زنده شود. خالق همه موجودات و انسان‌ها، به همه موجودات عالم، علم کامل و دقیق دارد و این علم دقیق، مقدّمه قدرت او بر احیای دوباره انسان است. استشهاد به خلقت ابتدایی انسان‌ها از نطفه، از این جهت نیز استشهادی قابل تأمل است. برای خلقت انسان، یک هسته اولیه از آنچه بدل به انسان خواهد شد، کافی است؛ همه جزئیات در همان هسته اولیّه موجود است و خدای عالَم، به آن علم دقیق دارد و این قدرت پروردگار عالم است که این هسته اولیّه را که حامل همه اطلاعات از جزئیات خلق انسان است، به انسانی راست‌قامت بدل می‌کند.[1]

الَّذي جَعَلَ لَكُمْ مِنَ الشَّجَرِ الْأَخْضَرِ ناراً فَإِذا أَنْتُمْ مِنْهُ تُوقِدُونَ ﴿۸۰﴾

کسی که برای شما از درخت سبز، آتشی قرار داد پس آنگاه شما از آن، آتش می‌افروزید.

آیه ۸۰، استشهاد دیگری بر قدرت خدا برای زنده کردن دوباره انسان‌ها در معاد است؛ استشهادی که از دو جهت مهم، با آیات این سیاق تناسب دارد:

الف) از نظر انسان، زنده شدن دوباره استخوان‌های پوسیده، بعید و غیر قابل‌باور است؛ زیرا استخوان پوسیده، نشانه‌ای از حیات ندارد. درختان سبز نیز در ظاهر نشانه‌ای از آتش برافروخته ندارند؛ بلکه طراوت و سرسبزی آن‌ها، سایه‌سار خرّمی و بهره‌مندی از خنکای آن را فراهم می‌کند؛ امّا پروردگار عالم، همین درختان سبز را، منبع آتش برافروخته قرار داده است؛ منبعی که انرژی‌های

---

۱. امروزه ثابت شده که جزئی‌ترین اطلاعات ژنتیکی انسان‌ها، حتّی در ذرّه‌ای از وجود آن‌ها که در اصطلاح DNA نامیده می‌شود، نهادینه است.

نادیدنی خود را در قالب آتش با شدّت و ضعف متفاوت بیرون می‌ریزد.

ب) انتخاب این شاهد با روح سوره که سخن از رسالت انذاری است، هماهنگی کامل دارد؛ مانند آیات ۷۱ تا ۷۳ سوره واقعه که در سیاقی مشابه، وقتی از قدرت خدا سخن می‌گوید، به همین نشانه اشاره می‌کند و آن را به‌عنوان «تذکرة» یعنی مایه تذکّر برای انسان‌ها معرفی می‌کند: «أَفَرَأَيْتُمُ النَّارَ الَّتِي تُورُونَ (۷۱) أَأَنْتُمْ أَنْشَأْتُمْ شَجَرَتَهَا أَمْ نَحْنُ الْمُنْشِئُونَ (۷۲) نَحْنُ جَعَلْنَاهَا تَذْكِرَةً وَمَتَاعًا لِلْمُقْوِينَ (۷۳)»؛ اینکه درخت سبز با وجود ظاهر سرسبز و سایه‌افکنی‌اش، در دل خود آتش دارد، همانند دنیایی است که ظاهرش از زیبایی‌ها پرشده اما در باطن خود جهنم دارد. در نظر به ظاهر این عالم، خبری از جهنم نیست؛ همه جا کوه و دشت و خرمی است اما حقیقت این است که همین دنیا، در باطن، جهنّم دارد. معاد، چهره باطنی این دنیا است. خارج کردن آتش از دنیا، خارج کردن ذات باطنی دنیا در معاد است. فقط کسانی که از دنیا رهیده باشند، از این آتش نجات پیدا می‌کنند.

أَ وَ لَيْسَ الَّذي خَلَقَ السَّماواتِ وَ الْأَرْضَ بِقادِرٍ عَلى أَنْ يَخْلُقَ مِثْلَهُمْ بَلى وَ هُوَ الْخَلاَّقُ الْعَليمُ (۸۱)

و آیا کسی که آسمان‌ها و زمین را خلق کرد، قادر نیست بر اینکه مثل آن‌ها را خلق کند؟ بله و او بسیار خلق‌کننده علیم است.

آیه ۸۱ نیز در ادامه پاسخ به همان شبهه سخن می‌گوید و این بار به نشانه‌ای استشهاد می‌کند که عظمت و بزرگی آن، زبان هر یاوه‌گویی در انکار قدرت خدا در احیای دوباره انسان‌ها را می‌بندد؛ آیا آن‌کسی که آسمان‌ها و زمین را با این عظمت و حکمت و نظم خیره‌کننده در هماهنگی پدیده‌ها آفریده است، قدرت خلق مانند آن‌ها را ندارد؟ کدام‌یک غیر قابل باورتر است؟ خلقت آسمان‌ها و زمین و یا خلقت دوباره انسان‌ها از استخوان‌های پوسیده؟ هر منصفی در جواب می‌داند که خالق آسمان‌ها و زمین، هرگز از خلق دوباره انسان‌ها ناتوان نمی‌شود.

«خلّاق»، مبالغه در خلق است؛ صفت خلّاق اشاره به خلق پی‌درپی و همیشگی است و از همین رو حاوی نکته‌ای ظریف است؛ خلق دوباره که در نظر انسان‌ها بعید جلوه می‌کند، حقیقتی است که همواره به اذن و اراده پروردگار عالم در حال رخ دادن است؛ هم در نمونه‌هایی که برای بار اول آفریده می‌شوند و هم در مورد مخلوقاتی که قبلاً پا به عرصه وجود گذاشته‌اند؛ بله، این چنین نیست که انسان‌ها یک بار خلق شده و رها شده‌اند؛ بلکه خلقت انسان‌ها لحظه‌به‌لحظه و آن به آن در حال تکامل و تجدید است. آیا خدایی را که هرلحظه در حال خلق است، عاجز از آفرینش انسان‌ها در آستانه قیامت، دانست؟ او پروردگار خلّاق عالم است که هم قدرت و هم علم لازم برای خلق دوباره انسان‌ها را داراست.

إِنَّما أَمْرُهُ إِذا أَرادَ شَيْئاً أَنْ يَقُولَ لَهُ كُنْ فَيَكُونُ ﴿۸۲﴾

امرش این است، هنگامی که چیزی را اراده کند، فقط این که به او می‌گوید باش، پس می‌شود.

او برای این حقیقت و دیگر اراده‌هایی که در عالم دارد، تنها امر می‌کند و امر او برابر با حقیقت یافتن تکوینی اشیاء و مخلوقات عالم است؛ «إِذا أَرادَ شَيْئاً أَنْ يَقُولَ لَهُ كُنْ فَيَكُونُ». «فاء» برای عطف ترتیبی بدون تأخیر است. او هرگاه چیزی را اراده کند، فرمان وجود می‌دهد و آن چیز بی‌درنگ موجود می‌شود.

فَسُبْحانَ الَّذي بِيَدِهِ مَلَكُوتُ كُلِّ شَيْءٍ وَ إِلَيْهِ تُرْجَعُونَ ﴿۸۳﴾

پس منزه است کسی که ملکوت هرچیزی به دست اوست و به سوی او بازگردانده می‌شوید.

بعد از پاسخ قاطع به شبهه در چند مرحله، آیه پایانی سیاق، به نتیجه منطقی این همه آیه روشن بر قدرت خدا اشاره می‌کند؛ پس منزه است پروردگار عالم، از اینکه شبهه‌ای قدرت او را زیر سؤال ببرد و منزّه است از اینکه قدرت احیای دوباره انسان‌ها را نداشته باشد.

«ملکوت»، مبالغه در «مُلک» و به معنای سلطه و حکومت است؛[1] نه‌تنها مُلک عالم در دست پروردگار است، ملکوت عالم یعنی قدرت حاکم و مسلط بر همه پدیده‌های عالم در دست اوست؛ حقیقت زنده کردن مردگان و بازگشت به سمت خدا، برای ملاقات با پروردگار عالم، سخن خدایی است که حاکم مطلق عالم و اختیاردار یکایک پدیده‌های آفرینش است.

أَ وَ لَمْ يَرَ الْانسان أَنَّا خَلَقْناهُ مِنْ نُطْفَةٍ فَإِذا هُوَ خَصيمٌ مُبينٌ ﴿۷۷﴾

وَ ضَرَبَ لَنا مَثَلاً وَ نَسِيَ خَلْقَهُ قالَ مَنْ يُحْيِ الْعِظامَ وَ هِيَ رَميمٌ ﴿۷۸﴾

قُلْ يُحْييهَا الَّذي أَنْشَأَها أَوَّلَ مَرَّةٍ وَ هُوَ بِكُلِّ خَلْقٍ عَليمٌ ﴿۷۹﴾

الَّذي جَعَلَ لَكُمْ مِنَ الشَّجَرِ الْأَخْضَرِ ناراً فَإِذا أَنْتُمْ مِنْهُ تُوقِدُونَ ﴿۸۰﴾

أَ وَ لَيْسَ الَّذي خَلَقَ السَّماواتِ وَ الْأَرْضَ بِقادِرٍ عَلى أَنْ يَخْلُقَ مِثْلَهُمْ بَلى وَ هُوَ الْخَلاَّقُ الْعَليمُ ﴿۸۱﴾

إِنَّما أَمْرُهُ إِذا أَرادَ شَيْئاً أَنْ يَقُولَ لَهُ كُنْ فَيَكُونُ ﴿۸۲﴾

فَسُبْحانَ الَّذي بِيَدِهِ مَلَكُوتُ كُلِّ شَيْءٍ وَ إِلَيْهِ تُرْجَعُونَ ﴿۸۳﴾

---

۱. صاحب قاموس قرآن در معنای این واژه می‌نویسد: «این لفظ چهار بار در قرآن مجید آمده است ... در مجمع فرموده: ملکوت مانند ملك (بروزن قفل) است ولی از ملك رساتر و ابلغ است زیرا حرف واو و تاء برای مبالغه اضافه می‌شوند. در صحاح گوید: ملکوت از ملك (بروزن قفل) است مثل رهبوت از رهبة گویند: «له ملکوت العراق» برای او است حکومت عراق. ما وقتی که از کارخانه‌ای دیدن می‌کنیم می‌بینیم که در آن نظم بخصوصی حکم‌فرما است هم در ساختن و هم در کارانداختن آن؛ همین طور است آسمان‌ها و زمین ... پاك و منزّه است خدائی که حکومت و اداره هر چیز در دست او است.» (ج ۶، ص ۲۷۵)

جهت هدایتی

آیات سیاق هفتم، در دو دسته قابل بررسی است:

دسته نخست، آیه ۷۷ و ۷۸: بعد از اشاره‌ای تعریض‌آمیز به خلقت انسان از نطفه، برای پاسخ به شبهه‌ای که در ادامه همین دسته آمده زمینه‌سازی کرده و در ادامه از شبهه تبلیغاتی انسان نسبت به زنده‌کردن دوباره انسان‌ها بعد از تبدیل به استخوان پوسیده سخن می‌گوید.

دسته دوم، آیه ۷۹ تا ۸۳: در سه مرحله این شبهه را پاسخ می‌دهد: الف) استشهاد به پدید آوردن انسان برای بار اول؛ ب) استشهاد به قرار دادن آتش در درختان سبز؛ ج) استشهاد به خلقت با عظمت آسمان‌ها و زمین. آیات این دسته در پایان، منزّه بودن پروردگار عالم از ناتوانی برای خلق دوباره انسان‌ها را نتیجه‌گیری کرده است.

مشخّص است که در نسبت بین دسته‌ها، محورِ دسته نخست، اشاره به شبهه و دسته دوم، پاسخ این شبهه تا نتیجه‌گیری قدرت خدا برای زنده کردن دوباره انسان‌ها از استخوان‌های پوسیده است:

اثبات قدرت خدا در پاسخ به شبهه کافران در زمینه زنده کردن انسان‌ها در معاد

پدیدآورنده انسان‌ها برای بار اول، قراردهنده آتش در وجود درختان سبز و خالق آسمان‌ها و زمین، قادر به احیای استخوان‌های پوسیده نیز هست.

فضای سخن سوره یس

ابعاد فضای سخن سوره یس، از سیاق‌های متعدد آن قابل برداشت است؛ شناخت این ابعاد و نسبت آن‌ها با یکدیگر فضای سخن سوره را

مشخّص می‌کند.

در ادامه ابعاد فضای سخن سوره در سیاق‌ها عنوان شده است. هرچند شاید برخی از این ابعاد، در چند جای سوره مورد استناد باشند؛ اما به مهم‌ترین موضع استناد آن‌ها در ادامه اشاره شده است:

۱. انکار رسالت انذاری رسول خدا ﷺ با وجود مداومت آن حضرت در مقام انذار قرآنی (سیاق اول و دوم)

۲. ناهموار شدن مسیر رسالت انذاری به جهت اتکای انذارناپذیران به اکثریت خویش (سیاق اول و دوم)

۳. استناد به رحمانیّت خدا برای نفی وعده عذاب در رسالت انذاری (سیاق دوم)

۴. اعراض از نشانه‌های روشن پروردگاری خدا در عالم و عدم التزام به فرمان‌برداری از او در دعوت به تقوا (سیاق سوم)

۵. مجادله با باور ربوبی مؤمنان به بهانه دستور انفاق (سیاق سوم)

۶. بهانه قرار دادن دستور انفاق برای مجادله با توحید ربوبی (سیاق سوم)

۷. سؤال انکاری از زمان تحقق وعده‌های انذاری (سیاق چهارم)

۸. گرفتاری به سیره مجرمانه در عمل (سیاق چهارم)

۹. اتّهام شعر به قرآن و اتهام شاعری به رسول خدا ﷺ برای مقابله با اهداف انذاری ایشان (سیاق پنجم)

۱۰. گرفتاری به شرک و دل‌خوشی به یاری خدایان دیگر (سیاق ششم)

۱۱. شبهه‌افکنی در مورد کیفیت زنده‌شدن دوباره انسان‌ها برای برپایی معاد (سیاق هفتم)

با توجه به این ابعاد و براساس آنچه در بیان سیاق‌های سوره گذشت، می‌توان کلیدواژه‌های مهم فضای سخن سوره را در عنوان «رسالت انذاری» و «توحید ربوبی» خلاصه کرد؛ به این بیان که همه ابعاد مطرح شده به‌نوعی با این دو مقوله در ارتباط است:

- اصرار بر انکار رسالت انذاری با اتکای به اکثریت و اتّهام‌زنی به رسول خدا صلی‌الله‌علیه‌وآله‌وسلم و محتوای سخن انذاری‌اش
- نفی وعده‌های انذاری از طریق استناد به رحمانیّت، سؤال انکاری از زمان تحقق و شبهه در کیفیت زنده‌کردن مردگان برای برپایی معاد

حول محور «رسالت انذاری» است.

و

- اعراض از نشانه‌های روشن پروردگاری خدا در عالم و فرار از التزام به بندگی او در عمل به دستور تقوا
- مجادله با باور ربوبی مؤمنان به بهانه دستور انفاق
- سیره مجرمانه در عمل
- انتخاب رویکرد مشرکانه و امید به یاری خدایان دیگر در مقابل باور به پروردگاری یکتای عالم

همگی حول محور «توحید ربوبی» است.

از این میان «رسالت انذاری» مأموریّتی مهم برای فراخوان به «توحید ربوبی» است، بنابراین فضای سخن سوره به این بیان قابل جمع‌بندی است:

رسول خدا صلی‌الله‌علیه‌وآله‌وسلم مأمور به «رسالت انذاری» به هدف فراخوان مردم به سمت «توحید ربوبی» است. انذار وحیانی او از وعده‌های عذاب، در راستای «رسالت انذاری» با مقابله سرسختانه فراریان از «توحید ربوبی» مواجه شده است.

سیر هدایتی سوره یس

بررسی نسبت سیاق‌های سوره با یکدیگر نشان می‌دهد که سوره مبارکه یس در دو فصل، با رویکرد مطرح‌شده در فضای سخن مواجه شده است: فصل نخست سوره، سیاق‌های اول تا چهارم و فصل دوم آن، سیاق‌های پنجم تا هفتم سوره است. بیان ارتباط سیاق‌ها با یکدیگر، علّت تفکیک مجموعه‌های آن‌ها از یکدیگر با عنوان فصل را نشان می‌دهد:

فصل اول: سیاق‌های اول تا چهارم

سیاق نخست، پیش از هر اقدامی در مقابله با فضای ایجادشده از سوی منکران رسالت انذاری، رسول منذر را مخاطب قرار داده است؛ در تبیین فضای سخن این سیاق گذشت که انذارناپذیری اکثریت، راه تداوم رسالت انذاری را ناهموار کرده و در این بستر مهم، نخستین گام سوره، تثبیت قلب و افزایش اطمینان رسول خدا ﷺ در مسیر رسالت انذاری است.

آیات این سیاق، با تأکید بر حقانیت رسالت رسول خدا ﷺ و صراط مستقیم وحیانی او در انجام این مأموریت، سخن را آغاز کرده و در ادامه از دو گروه سخن به میان آورده است: الف) گروه اکثریتی که به جهت اصرار بر انکار رسالت انذاری، گرفتار کیفر الهی شده و حقیقت را نمی‌بینند؛ هدف از انذارها برای این گروه، ایمان نیست که با عدم ایمان، نقش رسالت انذاری در مورد آن‌ها زیر سؤال برود؛ بلکه هدف از انذار برای این گروه، اتمام حجّت و تثبیت کلمه عذاب است؛ ب) گروه اقلیتی که انذارها در مورد ایشان اثر دیگری بخشیده و در نتیجه به ایمان منتهی شده است؛ این گروه کسانی هستند که به تبعیت از ذکر قرآنی، ایمان به غیب یافته و از خدای رحمن خشیت پیشه می‌کنند.

با این تفصیل، انذارناپذیری اکثریت، نشانه نقص رسالت انذاری نیست؛ بلکه این رویکرد، نتیجه کیفر الهی در مورد آن‌ها و سبب اتمام

حجّت با ایشان است؛ روی دیگر سکّه رسالت انذاری ـ هرچند کم ـ، انذارپذیرانی هستند که به سرمنزل ایمان می‌رسند؛ تبیین این حقیقت برای رسول خدا ﷺ، سبب تقویت قلب و افزایش اطمینان ایشان برای تداوم مسیر رسالت انذاری است.

سیاق دوم، حکایت مثلی است که از هرجهت با سیاق نخست تطبیق می‌کند؛ حکایت رسولان منذری که برای انذار قومی فرستاده شده‌اند؛ اما اکثریت انذارناپذیر آن قوم به بهانه‌های مختلف، سعی در مقابله با رسالت انذاری ایشان دارند و اقلیت مؤمنی به حکایت ایشان آمده است.

جهت‌گیری سخن در این مثال، هشدار به منکران رسالت انذاری است. آیات این سیاق نخست از گفت‌وگوی رسولان منذر و منکران رسالت انذاری، حول محور انذار از عذاب‌های الهی سخن گفته و در پایان عاقبت دو گروه را تصویر کرده است؛ عاقبت اقلیتی که در این مثال، در نقش رجل حامی رسولان منذر ظاهر شده و عاقبت اکثریتی که به اراده الهی نابود شده‌اند.

با بیانی که گذشت، سیاق اول و دوم در مواجهه با اکثریت انذارناپذیر، مکمل یکدیگرند؛ دو روی یک سکه در حمایت از رسالت انذاری؛ که یک روی آن رسول منذر را مخاطب قرار داده و روی دیگر در آینه مثالی از عاقبت اکثریتی منحرف و انذارناپذیر، به منکران رسالت انذاری هشدار داده است.

سیاق سوم، فارغ از نگاه اکثریت و اقلیت به جریان پیش روی رسولان منذر، محتوای هدف از رسالت انذاری را تبیین کرده است؛ در یک کلمه، عنوان «توحید ربوبی» کلیدواژه سیاق سوم سوره شده تا هدف از رسالت انذاری ترسیم شود؛ «توحید ربوبی» باور و رفتار تناسب‌یافته، ذیل پروردگاری خدا در عالم است.

آیات این سیاق، با سخن از نشانه‌های روشن پروردگاری خدا در عالم آغاز شده و در این سیر، اشاره به تأمین خوراک بشر بر دیگر نشانه‌ها مقدّم شده است؛ نشانه دوم، به بیان مدیریت شب و روز و حرکت متناسب خورشید

و ماه اختصاص یافته و نشانه سوم، از مدیریت حمل و نقل بشر با تمرکز بر نمونه اعجاب برانگیز کشتی نوح علیه‌السلام و دیگر کشتی‌ها سخن گفته و به رحمت جلوه‌گر خدا در این باره اشاره کرده است؛ زوایای ویژه هرکدام از این نشانه‌ها و تناسب آن‌ها با فضای سخن در سیر هدایتی این سیاق گذشت.

سیر این نشانه‌ها که ثابت‌کننده پروردگاری یکتای عالم در دست خداست، به دو جلوه عملی از پذیرش این پروردگاری ختم شده است؛ دو جلوه‌ای که به‌عنوان دستور متناسب با این مقدمات، در سوره مطرح شده است؛ دستور به «تقوا» و «انفاق» که در طول یکدیگر، جلوه عملی «توحید ربوبی» است. تقوا، منشِ در نظر گرفتن فرمان پروردگار و حساب بردن از وعده‌های انذاری اوست و انفاق، مهم‌ترین جلوه بروزدهنده این باور در تزاحم بین دنیا و یاد خدا است؛ آنجا که مؤمن به پروردگار عالم، به فرمان پروردگار عالم، از دنیا می‌گذرد. آیات در بیان رویکرد منکران در مقابله با دستور تقوا، از اعراض آن‌ها نسبت به نشانه‌های ربوبیت، سخن می‌گوید تا نشان دهد فرار آن‌ها از پذیرش رسالت انذاری انبیا، به جهت کفر آن‌ها به ربوبیت عالم است که این کفر و فرار در مجادله آن‌ها نسبت به دعوت انفاق، خود را نشان می‌دهد؛ آنجا که منکرانه و غافلانه، از تضادّ دعوت به انفاق با پروردگاری عالم سخن می‌گویند تا از این باور حق و لوازم عملی آن فرار کنند.

سیاق چهارم، بعد از سخن سیاق سوم در زمینه توحید ربوبی، به رویکرد منکرانه آن‌ها در مقابله با وعده انذار پرداخته است؛ توحید ربوبی هدف از رسالت انذاری رسول خدا صلی‌الله‌علیه‌وآله‌وسلم است و انذار از وعده عذاب، ابزاری الهی برای فراخوان به سوی این هدف است؛ منکران رسالت انذاری، جلوی تحقق هدف را می‌گیرند و در این مسیر بیش از هر اقدام دیگری تلاش می‌کنند تا به خیال خود ابزار رسول خدا صلی‌الله‌علیه‌وآله‌وسلم برای رسیدن به این هدف را ناکارآمد سازند. سؤال انکاری از زمان تحقق وعده‌ها، یکی از حربه‌های آن‌ها برای زیر سؤال بردن این انذارها است.

آیات این سیاق، در مقام پاسخ به این سؤال، به بیان سیری از هشدارها و انذارها با اشاره به مسیر پیش روی منکران، پرداخته است؛ مرگ ناگهانی و یک‌باره که آن‌ها را از بهره‌مندی دنیا محروم خواهد کرد و مواجهه با حساب و کتابی حتمی در روز قیامت که آن‌ها را به سبب جرم‌اندوزی در تبعیت از شیطان، از بندگان صالح خدا جدا خواهد کرد و به عذابی سخت گرفتار خواهد ساخت.

جمع‌بندی فصل اول

با توجّه به نکته‌ای که در مورد نقش تکمیلی سیاق دوم نسبت به سیاق نخست گفته شد، می‌توان سه مرحله اصلی در این فصل را در نظر گرفت؛ سه مرحله‌ای که هرکدام به نحوی با رسالت انذاری رسول خدا در راستای دعوت به توحید ربوبی در ارتباط است:

مرحله نخست، وجود اکثریت انذارناپذیر را بستر سخن قرار داده و دراین‌باره یک بار رسول منذر و بار دیگر منکران او را مخاطب قرار داده است؛ وظیفه این مرحله، از سویی اطمینان‌افزایی برای رسول منذر با تبیین کیفری‌بودن انذارناپذیری اکثریت و از سوی دیگر هشدار به عاقبت انکار و تکذیب با بیان عاقبت اکثریت انذارناپذیر در قالب مثال است. این دو وظیفه، در دو سیاق اول و دوم صورت پذیرفته است.

مرحله دوم، هدف از رسالت انذاری یعنی توحید ربوبی را محور سخن قرار داده و از دو سوی اعتقادی و رفتاری آن در مقابله با فراریان از توحید ربوبی سخن گفته است. این مرحله، در سیاق سوم سوره صورت پذیرفته است.

مرحله سوم، با پاسخ هشدارآمیز به سؤال انکاری از زمان وعده‌های انذاری، حربه منکران را ناکارآمد ساخته است. این مرحله در سیاق چهارم سوره صورت پذیرفته است.

عنوان هدایتی جامع این فصل، برآیند سه مرحله مذکور در ارتباط با «رسالت انذاری» و «توحید ربوبی» است:

تثبیت رسالت انذاری رسول خدا ﷺ در دعوت به توحید ربوبی

از طریق:

الف) اطمینان‌افزایی رسول خدا ﷺ در مقابل اکثریت انذارناپذیر و هشدار نسبت به عاقبت انکار و مقابله با رسولان منذر

ب) برشماری نشانه‌های پروردگاری خدا بر عالم در جهت دعوت به تقوا و انفاق (توحید ربوبی)

ج) پاسخ هشدارآمیز به سؤال انکاری از زمان تحقق وعده‌های انذاری

فصل دوم: سیاق‌های پنجم تا هفتم

سیاق‌های زیرمجموعه این فصل، سیر فصل اول را یک بار دیگر پیموده است؛ به گونه‌ای که هرکدام از سیاق‌های این فصل، در ادامه یکی از مراحل فصل پیشین است:

سیاق پنجم، در ادامه مرحله نخست از فصل پیشین، به دفاع از رسول منذر و منبع سخنان او، در مقابل اتّهام شاعری از سوی مکذّبان پرداخته است.

سیاق ششم، در ادامه مرحله دوم از فصل پیشین، بار دیگر از نشانه‌های توحید ربوبی سخن گفته است و این بار به نعمت چهارپایان در اختیار انسان اشاره کرده است.

دو جهت ویژه در این سیاق آن را در خدمت جهت هدایتی سوره قرار داده است:

الف) این سیاق، تکمله‌ای بر نشانه‌های ربوبی مطرح شده در فصل پیشین است؛ با اشاره به نشانه‌ای روشن از تدبیر امر انسان به دست پروردگار عالم، به بیانی که جزئیات آن در سیر هدایتی این سیاق گذشت؛

ب) این سیاق بیان این نشانه را به رویکرد مشرکان در اتّخاذ آلهه به امید یاری، پیوند زده و این‌گونه، باور سخیف آن‌ها در بندگی خدایان دیگر را افشا

کرده است. هدف از این کار، تبیین حقیقت دشمنی آن‌ها با پروردگار عالم است؛ حقیقتی که پشت پرده مقابله آن‌ها با رسول منذر پنهان مانده است؛ آن‌ها که از توحید ربوبی فراری‌اند و در ظاهر با رسول منذر مشکل دارند و او را متّهم می‌کنند، در پشت پرده گرفتار باور سست و سخیف به خدایان دیگر شده‌اند.

سیاق هفتم، در ادامه مرحله سوم از فصل پیشین، با شبهه‌افکنی انکارآمیز در مورد وعده‌های انذاری از معاد مقابله کرده است.

حربه سؤال از زمان تحقق وعده‌ها که با بیان محکم قران کریم در فصل پیشین پاسخ گرفته، در این سیاق جای خود را به حربه نخ‌نمای شبهه در زنده شدن دوباره انسان‌ها داده است؛ تا این‌گونه به خیال منکران، بستر وعده‌های انذاری یعنی معاد، زیر سؤال برود. آیات سیاق با بیان دلایل محکمی این شبهه را پاسخ داده است: خلقت اولیه انسان‌ها از نطفه، قرار دادن آتش در دل درختان سبز و خلقت آسمان‌ها و زمین با تمام عظمت، دلایل مطرح‌شده در این آیات در رد شبهه مذکور است.

جمع‌بندی فصل دوم

به بیانی که گذشت، همه مراحل فصل پیشین در این فصل نیز طی شده است؛ به‌طورکلی فصل دوم را می‌توان مکمّل فصل نخست دانست؛ تکمیلی که با فضای سخنِ پیشرفت کرده در سوره هماهنگ شده است.

اتکا به اکثریت در فضای فصل پیشین به اتّهام شاعری در این فصل رسیده است؛ کفر به توحید ربوبی در فصل پیشین به شرک و اتّخاذ آلهه در این فصل رسیده است؛ سؤال انکاری از زمان وعده‌های انذاری در فصل پیشین به شبهه‌افکنی در زمینه زنده‌شدن مردگان در این فصل رسیده است.

مرحله نخست، دفاع از رسول منذر و تبیین دوباره دو رویکرد به‌عنوان

غایت مأموریت انذاری ایشان، در پاسخ به اتّهام منکران است.

مرحله دوم، تبیین دوباره توحید ربوبی در مقام افشاگری از باور سخیف مشرکان در اعتقاد به آلهه دیگر است.

و مرحله سوم، پاسخ به شبهه منکران در زمینه معاد با بیان دلایل محکم است.

عنوان جامع هدایتی این فصل نیز، برآیند هر سه مرحله آن در ارتباط با «رسالت انذاری» و «توحید ربوبی» است:

> **تثبیت رسالت انذاری رسول خدا ﷺ در دعوت به توحید ربوبی**
>
> از طریق:
> الف) دفع اتّهام از رسالت انذاری و تأکید دوباره بر غایت مأموریت انذاری ایشان
> ب) تبیین دوباره توحید ربوبی در مقام افشای باور سخیف مشرکان
> ج) پاسخ مستدل به شبهه زنده شدن دوباره مردگان برای برپایی معاد

اشتراکات لفظی و موضوعی دو فصل سوره

برای تأیید و تثبیت روابط مطرح‌شده بین سیاق‌های دو فصل سوره، می‌توان نشانه‌های لفظی و موضوعی سوره را در این باره ملاحظه کرد؛ در هر یک از دو فصل سوره مراحل سه‌گانه‌ای دیده شده که یکی به اصل رسالت انذاری، دیگری به توحید ربوبی و سومی، به وعده‌های انذاری با محوریت معاد اختصاص یافته است؛ اشتراکات لفظی و موضوعی بین سیاق‌های ۱ و ۲ و سیاق ۵ در راستای مرحله اول و بین سیاق ۳ و ۶ در راستای مرحله دوم و بین سیاق ۴ و ۷ در راستای مرحله سوم، در نمودار زیر مشخّص شده است:

اشتراکات لفظی و موضوعی دو فصل

مرحله اول: رسالت انذاری

فصل اول	فصل دوم
وَ الْقرآن الْحَكيم ﴿۲﴾ ... تَنْزيلَ الْعَزيزِ الرَّحيمِ ﴿۵﴾	وَ ما عَلَّمْناهُ الشِّعْرَ وَ ما يَنْبَغى لَهُ إِنْ هُوَ إِلاَّ ذِكْرٌ وَ قرآن مُبين ﴿۶۹﴾
لِتُنْذِرَ قَوْماً ما أُنْذِرَ آباؤُهُمْ ... ﴿۶﴾ لَقَدْ حَقَّ الْقَوْلُ عَلى أَكْثَرِهِمْ فَهُمْ لا يُؤْمِنُونَ ﴿۷﴾ ... إِنَّما تُنْذِرُ مَنِ اتَّبَعَ الذِّكْرَ وَ خَشِيَ الرَّحْمنَ بِالْغَيْبِ... ﴿۱۱﴾	لِيُنْذِرَ مَنْ كانَ حَيًّا و يَحِقَّ القَولُ على الكافرين ﴿۷۰﴾

مرحله دوم: توحید ربوبی

فصل اول	فصل دوم
وَ آيَةٌ لَهُمُ الْأَرْض ... ﴿۳۳﴾ وَ آيَةٌ لَهُمُ اللَّيْلُ ...﴿۳۷﴾ وَ آيَةٌ لَهُمْ أَنَّا حَمَلْنا ...﴿۴۱﴾	أَ وَ لَمْ يَرَوْا أَنَّا خَلَقْنا لَهُمْ مِمَّا عَمِلَتْ أَيْدينا أَنْعاماً فَهُمْ لَها مالِكُونَ ﴿۷۱﴾
لِيَأْكُلُوا مِنْ ثَمَرِهِ وَ ما عَمِلَتْهُ أَيْديهِمْ ... ﴿۳۵﴾	... أَنَّا خَلَقْنا لَهُمْ مِمَّا عَمِلَتْ أَيْدينا ...﴿۷۱﴾
أَ فَلا يَشْكُرُونَ ﴿۳۵﴾	أَ فَلا يَشْكُرُونَ ﴿۷۳﴾ وَ اتَّخَذُوا مِنْ دُونِ اللَّهِ آلِهَةً لَعَلَّهُمْ يُنْصَرُونَ ﴿۷۴﴾

مرحله سوم: انذار از معاد

فصل اول	فصل دوم
وَ يَقُولُونَ مَتى هذَا الْوَعْدُ إِنْ كُنْتُمْ صادِقينَ ﴿۴۸﴾	وَ ضَرَبَ لَنا مَثَلاً وَ نَسِيَ خَلْقَهُ قالَ مَنْ يُحْيِ الْعِظامَ وَ هِيَ رَميمٌ ﴿۷۸﴾

جمع‌بندی سیر هدایتی سوره مبارکه یس

بعد از روشن شدن ارتباط دو فصل سوره در بیانی که گذشت، روشن شد که جهت هدایتی هر دو فصل سوره مشترک است و طریق آن‌ها نیز در سیر مرحله‌به‌مرحله با یکدیگر تناسب دارد؛ ازاین‌رو می‌توان جهت هدایتی کل سوره یس را همان جهت مشترک هر دو فصل این سوره دانست:

تثبیت «رسالت انذاری» رسول خدا ﷺ در دعوت به توحید «ربوبی»

فصل اول: تثبیت رسالت انذاری رسول خدا ﷺ در دعوت به توحید ربوبی از طریق:

الف) اطمینان افزایی رسول خدا ﷺ در مقابل اکثریّت انذارناپذیر و هشدار نسبت به عاقبت انکار و مقابله با رسولان منذر

ب) برشماری نشانه‌های پروردگاری خدا بر عالم در جهت دعوت به تقوا و انفاق (توحید ربوبی)

ج) پاسخ هشدارآمیز به سوال انکاری از زمان تحقق وعده‌های انذاری

فصل دوم: تثبیت رسالت انذاری رسول خدا ﷺ در دعوت به توحید ربوبی

از طریق:

الف) دفع اتهام از رسالت انذاری و تأکید دوباره بر غایت مأموریت انذاری ایشان

ب) تبیین دوباره توحید ربوبی در مقام افشای باور سخیف مشرکان

ج) پاسخ مستدل به شبهه زنده شدن دوباره مردگان برای برپایی معاد

ترجمه منسجم هدایتی سوره یس

به نام خداوند رحمت گستر رحم‌آور

سیاق اول، آیه ۱ تا ۱۲

اطمینان‌افزایی و تثبیت قلب پیامبر صلی‌الله‌علیه‌وآله‌وسلم برای ادامه راه رسالت انذاری

قسم به قرآن حکیم که تو فرستاده برحق و بر صراط مستقیم نازل‌شده از سوی پروردگار عزیز و رحیم هستی؛ برای انذار قوم غافلی که سابقه شنیدن انذارها را نداشته‌اند.

اکثریت انذارناپذیر تو را از ادامه راه رسالت بازندارد؛ آن‌ها عذاب را برای خود حتمیت بخشیده‌اند و گرفتار کیفر الهی در بسته شدن چشم‌هایشان به روی حقیقت‌اند؛ در مقابل آن‌ها اقلیت انذارپذیری هستند که به تبعیت از قرآن اهل ایمان به غیب و خشیت از پروردگار عالمند و مستحق بشارت‌اند.

یس (۱) قسم به قرآن حکیم که همه سخنانش، محکم و متقن است و در حقایق عالم ریشه دارد **(۲) همانا** انکارها و تکذیب‌ها حقیقت را عوض نمی‌کند و **تو قطعاً از فرستادگان هستی (۳) بر صراطی مستقیم** که نزدیک‌ترین و بهترین راه برای رسیدن به سعادت است **(۴)** راهی که **نازل‌شده** خدای **عزیز رحیم است؛** خدایی که کسی بر اراده او غالب نمی‌شود و او بر مؤمنانی که خشیت پیشه می‌کنند، مهربان است **(۵) تا انذار دهی قومی را که پدرانشان انذار نشدند پس ایشان غافلان‌اند. (۶) به تحقیق قول** عذاب **بر اکثرشان محقق شد پس ایشان ایمان نمی‌آورند (۷)** آری اکثریتی که انذار را نمی‌پذیرند، گرفتار کیفری سخت شده‌اند که روز به روز راه درک حقیقت را برای ایشان مسدودتر می‌کند؛ **همانا ما در گردن‌هایشان غل‌هایی قرار دادیم پس آن غل‌ها تا چانه‌هاست پس ایشان سر به بالا شدگان‌اند** و حقایق پیش روی خود را نمی‌بینند **(۸) و** از آنجا بازهم اصرار بر انذارناپذیری کرده‌اند، **ما از پیش روی آنان سدی و از پشت سرشان سدی قرار دادیم پس ایشان را پوشاندیم، پس آنان نمی‌بینند. (۹) و** اکنون به جایی رسیده‌اند که **برایشان مساوی است؛ چه انذارشان بدهی چه انذارشان**

ندهی؛ ایمان نمی‌آورند. (۱۰) این اکثریت گرفتار به عذاب، تنها مخاطبان انذار تو نیستند، انذار تو مخاطبان دیگری را هم هدف قرار داده که هرچند اندک باشند، راه سعادت را یافته‌اند؛ انذار می‌دهی فقط کسی را که از ذکر تجلّی یافته در قرآن تبعیت کرد و به سبب ایمان به خدای نادیدنی و عاقبتی نادیدنی یعنی ایمان به غیب از رحمان خشیت پیدا کرد پس او را به مغفرتی عظیم و اجری کریم بشارت بده (۱۱) همانا ما مردگان را زنده می‌کنیم و آنچه را که از پیش می‌فرستند و آثار اعمال آن‌ها حتی پس از مرگ را می‌نویسیم و همه‌چیز را در جلوداری آشکار احصاء کردیم، کتابی که جلوداری حرکت آن‌ها را بر عهده دارد و همه اعمال ریز و درشت و آثار اعمال ایشان را دربردارد. (۱۲)

سیاق دوم، آیه ۱۳ تا ۳۲

ضرب مثل از عاقبت سرسختی و تکذیب اکثریت در برابر رسالت انذاری پیامبران الهی

اکثریت انذارناپذیری که با رسولان منذر مقابله کردند، گرفتار عذاب الهی شدند.

انذارپذیرانی که از رسولان منذر تبعیت کردند، به بهشت برین رسیدند

و برای آنان اصحاب آبادی را مثال بزن آنگاه که فرستادگانی برایشان آمد.

(۱۳) وقتی که ما دو نفر را برای انذار ایشان از بداندیشی و بدرفتاری به سوی آنان فرستادیم پس هردو نفرشان را تکذیب کردند پس با سومین نفر جریان رسالت انذاری را قدرت بخشیدیم پس گفتند همانا ما به سوی شما فرستاده شدگانیم. (۱۴) گفتند شما جز بشری مثل ما نیستید؛ چه کسی گفته و چه کسی باور می‌کند که بشر با غیب ارتباط بگیرد و از غیب خبر دهد؟ و از این گذشته، شما وعده عذار را به خدای رحمن نسبت دادید، خدایی که جز رحمت از او ندیده‌ایم و می‌دانیم که رحمان هیچ‌چیزی از این اخبار انذارآمیز را نازل نکرده است؛ پس شما فرستادگان او نیستید جز اینکه دروغ می‌گویید. (۱۵) گفتند: انکار شما حقیقت را تغییر نمی‌دهد و در ایمان به این رسالت همین بس که پروردگار ما می‌داند که

همانا ما به سوی شما قطعاً فرستاده شدگانیم. (۱۶) و بر ما جز ابلاغ آشکار از حقایقی که او ما را به ابلاغ آن مأمور ساخته، نیست. (۱۷) گفتند همانا ما شما را به خاطر این اخبار شوم و ترساننده، به فال بد می‌گیریم؛ هرآینه اگر این رویکرد را پایان ندهید حتماً شما را سنگسار می‌کنیم و حتماً از جانب ما به شما عذابی دردناک می‌رسد. (۱۸) گفتند شومی شما با خودتان است، شومی نتیجه آن فکر بد و این رفتار غلط است؛ آیا قرار است اگر تذکر داده شدید و از حقیقت اعتقاد و رفتار خود باخبر شدید، به جای اصلاح آن با تذکردهندگان چنین کنید؟ بلکه شما قومی مسرف هستید که قدر نعمت رسولان منذر را درک نمی‌کنید و در ناشکری از خدایی که اراده هدایت شما را دارد، بدی را از حد گذرانده‌اید (۱۹) و در این هنگام از دورترین نقطه شهر مردی شتابان آمد؛ گفت: ای قوم من! از فرستادگان خدا که برای هدایت شما آمده‌اند، تبعیت کنید. (۲۰) تبعیت کنید کسانی را که در مقابل این هدایت الهی به حقایق غیبی اجری از شما نمی‌خواهند و ایشان خود هدایت‌شدگان به این حقیقت‌اند. (۲۱) و مرا چه شده که نپرستم کسی را که مبدأ و معاد عالم در دست اوست؛ مرا آفرید و به سوی او بازگردانده می‌شوید (۲۲) آیا جز او معبودانی بگیرم که اگر رحمان حتی در همین دنیا اراده ضرری کند می‌دانم و تجربه کرده‌ام که شفاعت آن‌ها چیزی را از من برطرف نمی‌کند و مرا نجات نمی‌دهند. (۲۳) در این صورت همانا من در گمراهی آشکاری خواهم بود. (۲۴) ای رسولان الهی، همانا من به پروردگار شما ایمان آوردم پس سخن مرا بشنوید. (۲۵) قومش ایمان او به حق و حمایتش از رسولان الهی را تاب نیاوردند و او را شهید کردند و به او گفته شد به بهشت داخل شو؛ گفت: ای کاش قوم من علم می‌یافتند. (۲۶) به آنچه پروردگارم برای من مغفرت کرد و مرا از گرامی داشته‌شدگان قرار داد. (۲۷) و بعد از او هیچ سپاهی از آسمان بر قومش نفرستادیم و ما نازل‌کنندگان نبوده‌ایم؛ چرا که در دایره قدرت ما عذاب هیچ قومی نیازی به لشکرکشی ندارد (۲۸) عذاب آن‌ها جز یک فریاد نبود پس ناگهان آنان خاموش شدند و دیگر خبری از آن همه هیاهو و ادعا در

مقابله با رسولان منذر الهی نبود (۲۹) **ای حسرت بر بندگان من، هیچ رسولی برایشان نیامد جز اینکه** به‌جای تذکّر و خشیت، **او را پیوسته مسخره می‌کردند.** (۳۰) آیا ندیدند **چه بسیار از نسل‌ها را پیش از ایشان هلاک کردیم؟** آیا به این حقیقت توجّهی ندارند که **آنان دیگر به سویشان بازنمی‌گردند** تا خطای خود را جبران کنند (۳۱) و حال آنکه **هیچ‌یک از ایشان نیست جز اینکه همه آن‌ها نزد ما حاضرشدگان‌اند** تا در محکمه الهی عاقبت اخروی آن‌ها تعیین شود (۳۲)

سیاق سوم، آیه ۳۳ تا ۴۷

برشماری نشانه‌های پروردگاری خدا بر عالم در جهت دعوت به تقوا و انفاق (توحید ربوبی)

نشانه‌های مدیریت تأمین خوراک انسان‌ها، تداوم نسل‌ها، رفت و آمد شب و روز و حمل و نقل انسان‌ها، توسط پروردگار عالم به وضوح قابل مشاهده است؛ تقوا خروجی این باور روشن و انفاق مصداق ویژه ابتلای الهی در این زمینه است؛ هرچند کافران به جهت اعراض از این نشانه‌ها، از قبول دعوت به تقوا سرباز می‌زنند و دعوت به انفاق را بهانه ردّ باور به پروردگاری خدا بر عالم قرار می‌دهند.

و نشانه‌ای است برای باور ایشان به پروردگاری خدا، **زمین مرده که آن را زنده کردیم و از آن دانه خارج کردیم پس از آن می‌خورند.** (۳۳) **و در آن باغ‌هایی از نخل‌های سربلند و درختان انگور قرار دادیم و در آن از چشمه‌ها جوشاندیم.** (۳۴) **تا از ثمر آن و آنچه دست‌هایشان آن را به عمل آورده است بخورند پس آیا** این همه نعمت را در باور به پروردگاری خدا و التزام به بندگی او، **شکر نمی‌کنند.** (۳۵) هرچند خدا نیازی به این باور و التزام ندارد و تنها منفعت آن به خود ایشان بازمی‌گردد، چه اینکه کفر آن‌ها نیز ضرر و آسیبی به ساحت پاک او نمی‌زند؛ همانا **پاک و منزه است کسی که** برای تداوم نسل‌ها در روی زمین، **ازواج، همه‌اش را از آنچه زمین می‌رویاند و از خودشان و از آنچه علم ندارند، خلق کرد.** (۳۶) **و نشانه‌ای است برای آنان شب که** با آمدن روز، سلطه‌اش بر زمین کنار زده شده

بود **و ما روز را از آن می‌کَنیم، پس** دوباره شب حاکم می‌شود و **ناگهان ایشان تاریک شدگان‌اند. (۳۷) و خورشید** که عامل روشنایی روز است **تا قرارگاهی که برای اوست** و برای رسیدن به مقصد تعیین‌شده‌اش، **جاری می‌شود؛ این تقدیر** خدای **شکست‌ناپذیر علیم است؛** خدایی که کسی یارای تخطی از اراده عالمانه او را ندارد **(۳۸) و ماه را هم** که چراغ کم‌نور شب است **در منزلگاه‌های** معیّن برای انجام وظیفه، **تقدیرش کردیم تا اینکه** هلالی و باریک شد و **مانند شاخه خرمای قدیمی بازگشت. (۳۹) نه برای خورشید سزاوار است** که در حرکت منظّم خود **ماه را درک کند** و نظم شب را در هم بریزد **و نه شب پیشی‌گیرنده بر روز است و همه در مداری** نظم‌یافته و تقدیرشده، **شناورند. (۴۰) و نشانه‌ای است برای ایشان اینکه ما** به هنگام عذاب قوم نوح علیه‌السلام **ذریه آن‌ها** یعنی آبا و اجداد پیشینشان **را در کشتیِ پُر** بر روی امواج خروشان **حمل کردیم** و ایشان را از عذابی سخت نجات دادیم. **(۴۱) و از مثل آن** کشتی و وسایل دیگر برای حمل و نقل، **برای ایشان، آنچه سوار می‌شوند خلق کردیم. (۴۲) و** در مدیریت این مسئله در دست ما همین بس که **اگر بخواهیم غرقشان می‌کنیم، پس هیچ فریادرسی برایشان نیست و نه آنان نجات داده می‌شوند. (۴۳) مگر** با **رحمتی** که باز هم تنها **از جانب ما** است **و بهره‌ای تا سرآمدی معین** که آن‌ها را از زندگی دنیا جدا کند. **(۴۴) و هرگاه به آنان گفته شود** که در التزام به بندگی چنین پروردگاری، **از آنچه پیش رو و پشت سر شماست تقوا پیشه کنید شاید مشمول رحمت الهی شوید. (۴۵)** نمی‌پذیرند؛ این پذیرش نتیجه باور به پروردگاری خداست **و** حال آنکه **هیچ آیه‌ای از آیات پروردگارشان برایشان نمی‌آید مگر اینکه از آن روی‌گردان شوندگان‌اند. (۴۶) و هنگامی که به آنان گفته شود انفاق کنید از آنچه خدا به شما روزی کرده کافران** غافل از قدرت پروردگار عالم، برای مجادله در باور ربوبی به خیال خود بهانه یافته **و به مؤمنان گویند: آیا کسی را اطعام کنیم که اگر خدا می‌خواست او را اطعام می‌کرد. شما نیستید مگر در گمراهی آشکار. (۴۷)**

سیاق چهارم، آیه ۴۸ تا ۶۸

انذار از فرارسیدن مرگ و ورود به جهنّم بعد از برپایی محکمه گریزناپذیر قیامت

در پاسخ به حربه منکران رسالت انذاری

مرگ پایان دنیا است، قیامت برپا خواهد شد و جهنم جایگاه مجرمان کافری است که به عهد الهی پایبند نبودند و شیطان را می‌پرستیدند؛ گریزی از این محاکمه سخت در قیامت برای ورود منکران مجرم به جهنّم نیست.

و برای زیر سؤال بردن وعده عذاب الهی، از سر انکار **می‌گویند این وعده کی خواهد بود؟ اگر راست گویندگانید؟ (۴۸) آنان** برای رفتن از این دنیا **جز یک فریاد را انتظار نمی‌کشند که آن‌ها را می‌گیرد درحالی که مشغول جدال و ستیز** در مورد حقیقت **هستند. (۴۹) پس نه بر توصیه‌ای توان می‌یابند و نه به سوی اهل خود بازمی‌گردند؛** تا روش دیگری برای زندگی برگزینند. **(۵۰)** بعد از مرگ، برای برپایی قیامت مهیّا خواهند شد، آن هنگام که مقدمات آن محکمه بزرگ فراهم شد **و در صور دمیده شد پس ناگاه آنان از قبرهایشان به سوی پروردگارشان می‌شتابند. (۵۱)** آن‌ها وقتی این صحنه را دیدند، **گفتند ای وای بر ما! چه کسی ما را از خوابگاهمان برانگیخت، این همان چیزی است که خدای رحمان وعده کرد و فرستادگانی** که این اخبار را در دنیا به ما ابلاغ کردند، **راست گفتند. (۵۲)** در دایره قدرت الهی، **آن** واقعه عظیم **نیست جز** به **یک فریاد؛ پس در آن هنگام همگی نزد ما حاضرشدگان‌اند. (۵۳)** به آن‌ها گفته خواهد شد: **پس امروز** در این محکمه **به کسی اندک ستمی نمی‌شود و جزا داده نمی‌شوید، جز** حقیقت **آنچه را عمل می‌کردید. (۵۴) همانا امروز بهشتیان در مشغولیّت** به نعمات فراوان الهی **مسرورند. (۵۵) ایشان و همسرانشان در سایه**‌سار**های** خرّم **بر تخت‌ها**ی مرصّع حکمرانی، **تکیه زنندگان‌اند. (۵۶) برای ایشان در آن** بهشت‌ها **میوه است و برای ایشان است آنچه را می‌خواهند. (۵۷) سلام** بر بهشتیان **سخنی از** جانب **پروردگار رحیم آن‌هاست،** در

فضای نعمتی که در ازای تقوای خود به دست آورده‌اند. (۵۸) اما شما **ای مجرمان امروز** از اهل ایمان و عمل صالح که به نعمت‌ها مشغول‌اند، **جدا شوید. (۵۹) ای فرزندان آدم آیا با شما عهد نکردم که شیطان را عبادت نکنید، همانا او برای شما دشمنی آشکار است؟ (۶۰) و اینکه مرا** که پروردگار راستی شما هستم، **عبادت کنید، این راهی مستقیم** به سوی سعادت **است. (۶۱) و هرآینه قطعاً گروه زیادی از شما را گمراه کرد** و شما نتیجه این گمراهی را به چشمان خود در عاقبت سخت و تلخ آن‌ها دیدید، **پس آیا عقل پیشه نمی کنید؟ (۶۲) این جهنمی است که پیوسته به آن وعده داده می‌شدید. (۶۳) امروز به سبب آنچه کفر می‌ورزیدید** و این کفر، شما را در جرم‌اندوزی جرأت می‌بخشید، **داخل آن شوید. (۶۴) امروز بر دهان‌های آن‌ها** که جز به توجیه و بهانه‌جویی نمی‌چرخید، **مهر می‌زنیم و دست‌های آن‌ها با ما سخن می گوید و پاهای آن‌ها شهادت می‌دهد به آنچه کسب می کردند. (۶۵) و** قدرت ما در به حساب کشیدن انسان‌ها از راه گشودن زبان دست و پایشان، جای تعجّب نیست **اگر بخواهیم قطعاً چشمانشان را محو می کنیم. پس در راه سبقت می گیرند، پس چگونه می‌بینند؟ (۶۶) و اگر بخواهیم قطعاً آن‌ها را بر جایگاهشان مسخ می کنیم، پس نمی‌توانند پیش بروند و نه برگردند. (۶۷) و** نشانه بزرگ این قدرت، در آینه گذر عمر در همین دنیا قابل رؤیت است؛ **هر کس را که عمر طولانی دهیم، او را در خلق وارونه می کنیم، پس آیا عقل پیشه نمی کنند؟ (۶۸)**

سیاق پنجم، آیه ۶۹ و ۷۰

تبیین ماهیت روشنگرانه و هدف منذرانه قرآن در مقابله با اتهام به رسالت انذاری

آنچه به رسول تعلیم دادیم شعر نیست بلکه محتوای رسالت انذاری اوست.

و به او شعر تعلیم ندادیم و اگر به دیده دقّت بنگرید و قصد نادیده‌گرفتن حقایق را نداشته باشید، می‌دانید که خیال‌بافی شاعرانه، **برایش سزاوار نیست؛ آن**‌چه او ابلاغ می‌کند، **نیست مگر یادآوری و قرآنی** با حقایق **آشکار. (۶۹) تا انذار دهد کسی را که زنده**‌دل **است و** با اتمام حجّت، **قول** عذاب **بر کافران محقق می‌شود. (۷۰)**

سیاق ششم، آیه ۷۱ تا ۷۶

افشای باور سخیف کافران به منظور دفاع از رسول منذر

مشرکان به جای شکر و پرستش پروردگار عالم با انتخاب آلهه و به امید شفاعت آن‌ها در مسیر شرک حرکت می‌کنند؛ آنگاه این باور را پنهان کرده و تو را متّهم می‌کنند؛ تحت تأثیر سخنان ایشان قرار مگیر و از این سخنان محزون نشو.

و آیا ایشان که پروردگاری خدا را باور ندارند، **ندیدند اینکه ما برای ایشان، از آنچه دستان ما به عمل آورد** و خود ایشان دخالتی در آفرینش آن نداشتند، **چهارپایانی خلق کردیم، پس ایشان مالکان آن‌ها هستند. (۷۱) و آن را برایشان رام کردیم** تا بتوانند از آن‌ها بهره‌مند شوند، **پس از آن‌هاست سواری ایشان و از** گوشت **آن‌ها می‌خورند. (۷۲) و برای ایشان در آن منفعت‌ها**ی فراوان **و نوشیدنی‌هایی است، پس آیا شکر نمی‌کنند؟ (۷۳) و** در همین حال نعمات و یاری پروردگارشان را نادیده گرفته و **معبودانی غیر از خدا گرفتند، به امید آنکه ایشان یاری شوند،** معبودانی که هیچ سابقه یاری از آن‌ها ندیده‌اند **(۷۴)** معبودانی که اصلاً **استطاعت یاری ایشان را ندارند و** خود **آن‌ها برای** خدمت به **ایشان لشکری حاضرشده‌اند. (۷۵) پس قول ایشان** در اتهام و تکذیب تو، **تو را محزون نکند قطعاً ما به آنچه** از باور سخیف و بی‌پایه **پنهان می‌دارند و آنچه** در اتهام بر علیه تو **آشکار می‌سازند، علم داریم. (۷۶)**

سیاق هفتم، آیه ۷۷ تا ۸۳

اثبات قدرت خدا در پاسخ به شبهه کافران در زمینه زنده کردن انسان‌ها در معاد

پدیدآورنده انسان‌ها برای بار اول، قراردهنده آتش در وجود درختان سبز و خالق آسمان‌ها و زمین، قادر به احیای استخوان‌های پوسیده نیز هست.

و آیا انسانی که در معاد شبهه می‌کند، **ندید اینکه ما او را از نطفه‌ای آفریدیم، پس ناگهان او خصمی آشکار شده است؟ (۷۷) و برای ما مثلی زد درحالی که آفرینش خود را فراموش کرد، گفت چه کسی استخوان‌ها را زنده می کند درحالی که آن پوسیده**

شده است؟ (۷۸) بگو زنده می کند آن را همان کسی که نخستین بار آن را ایجاد کرد، قطعاً ایجاد اولیه، از خلق دوباره بسی عجیب‌تر است؛ آن‌کس که قدرت بر ایجاد اولیه دارد، قدرت بر خلق دوباره را دارد **و او به هر خلقی علیم است؛** علمی که زمینه‌ساز خلقت دوباره با همان جزئیات نهفته در وجود انسان می‌شود. **(۷۹) کسی که** بر خلاف طبیعت سبز درخت، **برای شما از** همین **درخت سبز، آتشی قرار داد پس آنگاه شما از آن، آتش می‌افروزید. (۸۰) و آیا کسی که آسمان‌ها و زمین را** با این همه عظمت **خلق کرد، قادر نیست بر اینکه مثل آن‌ها را خلق کند؟ بله و او بسیار خلق کننده علیم است؛** که هر آن، در حال خلق کردن و عالم به همه جزئیات مخلوقات خویش است **(۸۱) امرش این است، هنگامی که چیزی را اراده کند، فقط این که به او می گوید باش، پس می‌شود. (۸۲) پس منزه است کسی که** نه‌تنها مالک عالم است، بلکه **ملکوت** و سلطه بر **هر چیزی به دست اوست و به سوی او بازگردانده می‌شوید. (۸۳)**

در محضر عترت علیهم‌السلام

سوره یس از سوره‌هایی است که احادیث فراوانی در بیان عظمت و فضیلت آن در کتب تفسیر و معاجم روایی شیعه وارد شده است؛ احادیثی که از فضیلت قرائت این سوره در هر روز و شب و در هنگامه‌های مختلف سخن گفته و اجر و پاداش دنیوی و اخروی زیادی برای قرائت این سوره برشمرده است. شاید مشهورترین این احادیث که در فضیلت سوره یس مطرح شده، قطعه‌ای از حدیث مفصّلی از امام صادق علیه‌السلام باشد که این سوره را «قلب قرآن» نامیده است:

«إِنَّ لِكُلِّ شَيْءٍ قَلْباً، وَ إِنْ قَلْبَ الْقُرْآنِ يس...»[1]

همانا هر چیزی قلبی دارد و قلب قرآن سوره یس است.

توجه به چند مقدّمه در مورد این بیان نورانی، از اهمیت محتوای سوره

---

۱. البرهان فی تفسیر القرآن، ج ۴، ص ۵۶۱؛ این حدیث در مجمع البیان به نقل از انس بن مالک از رسول گرامی اسلام صلی‌الله‌علیه‌وآله‌وسلم نیز نقل شده است. مجمع البیان فی تفسیر القرآن، ج ۸، ص ۶۴۶.

یس حکایت دارد:

- بدون شک عناوینی که معصومین علیهم‌السلام، بر سوره‌های قرآن کریم می‌گذارند، عناوینی بی‌جهت و بدون در نظر گرفتن محتوای این سوره‌ها نیست؛ عنوان «قلب قرآن» برای این سوره از سوی امام معصوم، حکایت از جایگاه این سوره در نقشه بندگی و سعادت دنیا و آخرت است؛ به‌ویژه وقتی بعد از اشاره به قلب داشتن هر چیزی، از قلب قرآن سخن گفته می‌شود.
- قلب در هر چیز دیگری و به‌طور مشخّص در بدن انسان‌ها و حیوانات، مرکز اصلی حیات و محل انتقال خون به نقاط مختلف بدن است؛ عضوی حیاتی که با نبود آن، امکان حیات سلب می‌شود؛ اگر قرآن به‌منزله جسم و جانی برای هدایت بشر به سمت سعادت در دنیا و آخرت تلقّی شود و خون جاری در رگ‌های آن، آیات و سوره‌های هدایت‌گر او در زمینه‌های مختلف باشد، یقیناً نیازمند قلبی برای حیات و تکاپو و حرکت دادن خون هدایت دارد، این قلب در بیان نورانی امام صادق علیه‌السلام سوره یس است.
- قرائت متدبّرانه سوره یس نشان داد که این سوره از اصل رسالت و قید انذاری آن دفاع کرده و این طریق نورانی را طریق دعوت به سمت غایت بندگی یعنی ایمان به پروردگار یکتای عالم و عمل به فرامین او قرار داده است. به این بیان، می‌توان فهمید که عنوان «قلب قرآن» برای این سوره، حکایت از جایگاه حقیقی این سوره در نقشه هدایت به سعادت دنیا و آخرت دارد. قلب قرآن که حیات هدایت قرآنی به آن بستگی دارد، پذیرش رسالت انذاری رسول خدا صلی‌الله‌علیه‌وآله‌وسلم با قرآن، برای هدایت به توحید ربوبی است.

اکنون می‌توان حکمت احادیث فراوانی که در ثواب قرائت این سوره و

تأکید بر استمرار در قرائت آن وارده شده را دریافت:

امیرالمؤمنین علی علیه‌السلام می‌فرماید: «أَلَا لَا خَيْرَ فِي قِرَاءَةٍ لَيْسَ فِيهَا تَدَبُّرٌ»؛[1] آگاه باشید که در قرائت قرآن بدون تدبّر، خیری نیست؛ بدون شک تأکید فراوان بر قرائت مستمر این سوره نیز با محتوای این سوره که از مسیر تدبّر در این سوره دریافت می‌شود، تناسب دارد؛ تأکید بر قرائت فراوان این سوره، درواقع تأکید بر معرفت به محتوای این سوره از طریق تدبّر مستمر و چندین‌باره در آن است که می‌تواند هدایت الهی را در جان انسان‌ها جاری نگاه دارد و ایمان ایشان را زنده و پویا کند.

جوایز دنیوی و اخروی فراوانی نیز که برای قرائت این سوره عنوان شده است؛ هدایای خدای کریمی است که درصدد ترغیب بندگان به مرور چندین‌باره و همه‌روزه این سوره ارزشمند و بی‌بدیل است؛ هدایایی که بررسی جنبه معنوی آن‌ها از نجات از عذاب‌های قبر و قیامت و ... با محتوای انذاری این سوره بی‌ارتباط نیست. بی‌شک کسی از این جوایز بهره‌مند خواهد بود که قرائت متدبّرانه سوره یس، باور و رفتار او را با این سوره باعظمت هماهنگ کرده است.

توضیحات کاربردی

سوره یس نیز مانند دیگر سوره‌های قرآن کریم، پر از نکات ارزشمندی است که هرکدام سهم مهمی در تعیین مسیر سعادت انسان در دنیا و آخرت دارد؛ نکاتی که در متن هدایتی هرکدام از سیاق‌ها تا حدّی در مورد آن‌ها سخن گفته شده و پرداختن بیشتر به هرکدام بیان مفصّل می‌طلبد.

کتاب حاضر درصدد بیان انسجام سخن سوره یس است و از همین رو در این بخش، از باب یادآوری و تأکید دو محور اصلی سخن در این سوره را

---

۱. کافی، ج۱، ص۸۷.

بستر توضیحات تکمیلی کاربردی قرار داده است؛ محور «رسالت انذاری» و محور «توحید ربوبی».

«رسالت انذاری» رسول خدا صلی‌الله‌علیه‌وآله‌وسلم

آنچه در سوره یس در دفاع از رسالت انذاری رسول‌خدا صلی‌الله‌علیه‌وآله‌وسلم آمده، اختصاصی به زمان و مکانی خاص ندارد؛ چه اینکه رسالت آن حضرت جهانی و جاودان است و همه اعصار و امصار را شامل می‌شود و قرآن به‌عنوان متن این رسالت جهانی، اختصاص به هیچ زمان و مکانی ندارد.

قید جدایی‌ناپذیر این رسالت قرآنی در سوره یس، «انذار» است؛ انذار همان غایتی است که در دو موضع از سوره به تصریح به‌عنوان مأموریت رسول‌خدا صلی‌الله‌علیه‌وآله‌وسلم معرفی شده است؛ حتی در بیان این سوره، تبشیر نیز که شأن دیگری از این مأموریت قرآنی است، از مسیر انذار عبور کرده و در طول آن قرار گرفته است؛ یعنی کسانی مستحقّ بشارت خواهند بود که انذارها در ایشان تأثیر گذاشته و مسیر فکر و عمل ایشان را تغییر داده است.

«انذار» همان حقیقتی است که از ابتدای جریان رسالت تا امروز همواره به انحای مختلف مورد هجمه بوده و هست. جلوه‌هایی که سوره یس از مقابله با «انذار» مطرح کرده، همگی به همان اندازه و بلکه بیشتر، زنده و قابل‌لمس است:

- اتّکای به اکثریت در مقابله با وعده‌های عذاب؛ که امروز علاوه بر جمعیّت‌های منحرف بی‌پروا، در حزب شیطان سامان یافته و قدرت‌های مستکبر عالم نمونه‌های عینی آن شده‌اند. قدرت‌هایی که گوششان بدهکار حق و عدل نیست و با تکیه بر عِدّه و عُدّه خویش، راه طغیان را طی می‌کنند.
- نفی رابطه بشر با غیب برای انکار وعده‌های وحیانی آسمانی؛ که امروز در جنگ سخت و نرم جبهه کفر بر علیه قرآن قابل مشاهده است؛ از

توهین و ناسزاگویی تا شبهه‌پراکنی و تبلیغات سوء به خود این کتاب و محتوای باعظمتش؛ به امید اینکه راه بندگان صالح برای شناخت حقیقت بسته بماند.

- دفاع از رحمانیّت خدا برای مقابله با عذاب؛ که امروز ندای انحراف‌آمیز سازش بی‌اساس ادیان الهی و غیرالهی شده و روح و روان عده زیادی از بندگان خدا را به سمت باور غلط در خیال آسوده از عذاب پروردگار عالم سوق می‌دهد و صد افسوس که این تفکّر منحرف، با تلاش ایادی شیطان، در دل جوامع ایمانی نیز رسوخ یافته و ایشان را از باور به عذاب که ضامن تقوا و خشیت است، دور کرده است. امروز آن‌ها به نام دین، این شبهه منحرفان بر علیه رسالت انذاری را بر زبان تکرار می‌کنند و به خیال خود سعی در نشان دادن چهره رحمانی دین برای جلب حداکثری دارند.

اکنون بیش از هر زمان دیگری به ندای سوره یس در دفاع از رسالت انذاری رسول خدا ﷺ نیاز داریم؛ ندایی که در آن شرایط سخت، رسول خدا ﷺ در جایگاه رسالت انذاری منکران و مستکبران تثبیت کرد و ذرّه‌ای از این جایگاه تنزّل نداد. چه اکثریت مردم جهان همراه باشند یا مخالف و چه نفس‌های سرکش انسانی پذیرا باشند یا نه، قید روشن رسالت رسول حق، «انذار» از عذاب الهی است؛ انذار، تابلوی هشدار برای تغییر در اندیشه و رفتار است؛ انذار، ضامن خشیت از پروردگار عالم و پنجره تابش نور ایمان و تقوا در دل اهل بندگی خداست و از همین رو، زمینه‌ساز سعادت دنیا و آخرت و بشارت به مغفرت و اجر کریم است.

قرآن کریم در سوره یس، سند این رسالت انذاری و مدافع همیشگی آن است تا مانع از خروج بندگان از صراط مستقیم شود و دست بندگانی را که راه حق را می‌طلبند بگیرد. قرآن ذکر همیشگی برای یادآوری این حقایق روشن است؛ حقایقی که به دیده بینای اهل انصاف در همه نشانه‌های

عالم قابل مشاهده و عبرت است و تنها اهل توجیه و تبعیت از نفس، سعی در نادیده‌گرفتن و فرار از آن دارند.

«توحید ربوبی»، هماهنگی باور و رفتار ذیل پروردگاری خدا

در سوره یس مشخّص شد که غایت مأموریت رسالت رسول خدا صلی‌الله‌علیه‌وآله‌وسلم انذار است و هدف از انذار، فراخوان به سمت توحید ربوبی است؛ توحید ربوبی تا حدّ زیادی در متن هدایتی سیاق سوم توضیح داده شد؛ باور به پروردگاری خدا که در جلوه رفتاری تقوا و در مصداق روشن انفاق تجلّی می‌یابد.

این مسیر را از هر دو سوی آن می‌توان رصد کرد:

رصد طبیعی این مسیر از مبدأ به سوی مقصد، آن است که هرکس رسالت انذاری رسول خدا صلی‌الله‌علیه‌وآله‌وسلم را پذیرفته و در دل خشیت از پروردگار عالم یافته، درصدد رعایت تقوای الهی برمی‌آید و در تزاحم یاد خدا و حبّ دنیا، یاد خدا را برمی‌گزیند و در ابتلای ایمان به پروردگاری خدا در عالم سربلند می‌شود.

اما رصد این مسیر از مقصد به سوی مبدأ قدری تأمل‌برانگیز است؛ آنجا که ادعای ایمان به رسالت رسول خدا صلی‌الله‌علیه‌وآله‌وسلم و قرآن به‌عنوان کتاب این رسالت جاودان هست اما خروجی رفتاری آن یعنی تقوا لنگ می‌زند و مصداق روشن ابتلای آن یعنی انفاق کمرنگ است و حبّ دنیا بر یاد خدا می‌چربد؛ اینجاست که بار دیگر مرور معارف سوره یس به کمک مؤمن اهل بصیرت و نجات‌طلب می‌آید؛ آیا می‌توان چنین ایمانی را ایمان حقیقی به پروردگار عالم تلقّی کرد؟ آیا می‌توان گفت که خشیت در دل این مدّعیان نیز حاکم است و قلب آن‌ها را به تسخیر عظمت پروردگار عالم درآورده است؟

ایمان حقیقی به پروردگار عالم از مسیر انذار عبور می‌کند و انذار، خشیت‌آفرین است و خشیت، باورساز است و باور، تقوا می‌آفریند و شخص

با تقوا دنیا را بر خدا ترجیح نمی‌دهد.

طنین آیاتی که از وعده‌های عذاب سخن می‌گوید تا گوش‌های شنوا را به خود جلب کند و صدای رسای آیاتی که از نشانه‌های روشن پروردگاری خدا در عالم سخن می‌گوید تا اهل انصاف را بیدار کند، تنها برای رهایی از چنگال کفر و تکذیب ظاهری نیست؛ مؤمنی که تازه پا در مسیر ایمان حقیقی گذاشته، کسی که در ایمان خود احساس ضعف و خلأ می‌کند، آنکه بین باور و رفتار خود هماهنگی نمی‌بیند و آنکه درصدد ارتقای باور و رفتار خود تا درجه اعلای ایمان و عمل صالح و رهایی از بند حبّ دنیا است، همه و همه نیازمند هدایت سوره یس هستند؛ مرور معارف این سوره، حیات دل‌های زنده برای نجات از کفر ظاهر و پنهان است.

جدول واژگان سوره یس

		معنا
۲	قرآن	«قرآن» یعنی جمع‌آوری‌شده، آنچه حاصل جمع آیات و سوره‌ها و ضمیمه‌شدن آن‌ها به یکدیگر است. (ر.ک: قاموس قرآن، ج ۵، ص ۲۶۰)
۲	الحکیم	صاحب قاموس قرآن در معنای واژه «حکیم» می‌نویسد: «حکیم کسی است که کارها را استوار و محکم کند» (ج ۲، ص ۱۶۱). گویا در آیه مورد نظر، قرآن به‌منزله انسانی حکیم به شمار آمده که در وظیفه خود یعنی سخن برای هدایت، کار را محکم و استوار انجام می‌دهد.
۴	مستقیم	صاحب مفردات الفاظ القرآن الکریم، در مورد این واژه می‌نویسد: «الِاسْتِقَامَةُ یقال في الطریق الذي یکون علی خطّ مستوو به شبّه طریق المحقّ.» (ص ۶۹۲)؛ استقامت در مورد راهی گفته می‌شود که بر یک خط مساوی و بدون انحراف کشیده شده و راه حق به چنین راهی تشبیه شده است.
۵	تنزیل	تنزیل در آنجاست که نازل کردن تدریجی باشد (ر.ک: قاموس قرآن، ج ۷، ص ۴۶)

۵	العزیز	«عزیز»، از مصدر «عزّت» به معنای توانایی و قدرت است. (ر.ک: قاموس قرآن، ج ۴، ص ۳۲۸).
۶	لتنذر	«لتنذر»، تا انذار دهی؛ صاحب قاموس المحیط در معنای این واژه می‌نویسد: «أنذره: ...أَعْلَمَهُ و حَذَّرَهُ و خَوَّفَهُ في إِبْلَاغِهِ» (ج ۲، ص ۲۳۳)؛ او را انذار کرد، یعنی به او اعلام کرد و با رساندن پیامش، او را برحذر داشت و ترساند.
۷	القول	قول به معنی مطلق سخن گفتن و سخن است. در آیه ۷ یس ظاهرا مراد وعده عذاب است. (ر.ک: قاموس قرآن، ج ۶، ص ۴۵)
۸	اغلالا	«اغلال»، جمع «غل» است به معنای طوقی که برگردن می‌زنند. (ر.ک: قاموس قرآن، ج ۵، ص ۱۱۶).
۸	اذقان	«اذقان» جمع «ذقن» بمعنی چانه هاست. (ر.ک: قاموس قرآن، ج ۳، ص ۱۴)
۸	مقمحون	«مقمحون»، جمع «مُقمَح» بمعنی کسی که سرش بالا گرفته شده است. (ر.ک: قاموس قرآن، ج ۶، ۳۳)

۹	أغشيناهم	«غشی»، پوشاندن و فرا گرفتن .«أغشينا» پوشانديم (ر.ک: قاموس قرآن، ج ۵، ص ۱۰۰)
۱۱	اتبعوا	«اتّباع» به معنای پيروی است .«اتّبعوا»، يعنی پيروی كردند (ر.ک: قاموس قرآن، ج ۱، ص ۲۶۵)
۱۱	خشی	«خشيت» بيم توأم با پرهيز.«خشی»، يعنی خشيت پيشه كرد. (ر.ک: قاموس قرآن، ج ۲، ص ۲۵۰ و۲۵۲)
۱۱	بالغيب	نهفته . نهان .هرآنچه از ديده يا از علم نهان است. (ر.ک: قاموس قرآن، ج ۵، ص ۱۳۳)
۱۱	فبشّره	بشارت وبشری به معنای خبرمسرت بخش است . «بشّره» يعنی بشارت بده (ر.ک: قاموس قرآن، ج ج۱، ص ۱۹۲)
۱۲	آثار	«آثار»، جمع «اثر»، به معنای نشانه.باقی مانده .به طوركلی «اثر» عبارت است از علامت و نشانه ای كه از چيزی يا ازكسی باقی مانده، خواه بنايی باشد يا دينی يا بدعتی يا جای پايی در اين آيه مراد اعمال و كارها و سنت هايی است كه از انسان ها باقی می ماند. (ر.ک: قاموس قرآن، ج ۱، ص ۲۲)

۱۲	امام	صاحب مفردات الفاظ القرآن الکریم در معنای این واژه می‌نویسد: «الْإِمَامُ: المؤتمّ به، إنسانا كأن يقتدى بقوله أو فعله، أو كتابا، أو غير ذلك محقّا كان أو مبطلا» (ص ۸۷)؛ امام آن کسی است که به آن در پیش رو اقتدا می‌شود؛ خواه انسان باشد که به قول او اقتدا شود؛ یا کتاب و غیر آن؛ و خواه حق باشد یا باطل؛ یعنی در معنای این واژه نه انسان‌بودن امام شرط است و نه حق‌بودن آن.
۱۳	مثلاً	مانند، دلیل، صفت، عبرت، علامت، حدیث، مثل قولی است درباره چیزی که شبیه است به قولی درباره چیزدیگرتا یکی آن دیگری را بیان و مجسم کند. (ر.ک: قاموس قرآن، ج۶، ص ۲۳۳)
۱۳	القریة	«قریه» موضعی است که خانه ها را جمع کرده یا مردم را، اعم از آنکه ده باشد یا شهر. (ر.ک: قاموس قرآن، ج ۶، ص ۴)
	عزّزنا	«عزّزنا»، از مصدر «عزت» به معنای توانایی و قدرت است؛ «عزّزنا» یعنی ایشان را تقویت کردیم. (ر.ک: قاموس قرآن، ج ۴، ص ۳۲۸).
۱۸	تطیّرنا	صاحب قاموس قرآن در معنای این واژه می‌نویسد: «تطیّر: از باب تفعّل به معنی فال بد زدن است» (ج ۴، ص ۲۶۲).

۱۸	**یمسّنّکم**	«مس» یعنی رسیدن .«یمسنّکم»، یعنی به شما می‌رسد. (قاموس قرآن، ج۶، ص ۲۵۷)
	مسرفون	«اسراف» در لغت به معنای هرگونه تجاوز از حدّ است. (ر.ک: قاموس قرآن، ج ۳، ص ۲۵۷).
۲۰	**اقصی**	«أقصا»، از ریشه «قصو» به معنای دوری است؛ این واژه اسم تفضیل از این ریشه به معنای دورترین است. (ر.ک: قاموس قرآن، ج۶، ص ۱۶)
۲۰	**یسعی**	«سعی»، یعنی تند رفتن .«یسعی»، تند می‌رود. (ر.ک: قاموس قرآن، ج۳، ص ۲۶۹)
	فطرنی	«فطرنی»، از ریشه «فطر» به معنای شکافتن است که به جهت تناسب آفرینش موجودات با شکافتن هسته اولیه خلقت آن‌ها، در معنای آفرینش نیز به کار می‌رود. (ر.ک: قاموس قرآن، ج ۵، ص ۱۹۳).
۲۳	**ینقذون**	«انقاذ»، به معنای نجات دادن و خلاص کردن است. (ر.ک: قاموس قرآن، ج ۷، ص ۱۰۴)
۲۹	**خامدون**	«خامدون»، از ریشه «خمد» به معنای فرونشستن زبانه آتش و در این آیه، کنایه از خاموشی دشمنی‌ها و هیاهوی خصمانه منکران در برابر حقیقت است. (ر.ک: قاموس قرآن، ج ۲، ص ۲۹۸).

۳۱	**قرون**	«قرون»، جمع «قرن»؛ صاحب مفردات الفاظ القرآن الکریم در معنای این آیه می‌نویسد: «اَلْقَرْنُ: القوم الْمُقْتَرِنُونَ في زمن واحد»(ص، ۶۶۷)؛ قرن قومی هستند که در زمان واحد در کنار هم (در مقارنت یکدیگر) زندگی می‌کنند.
۳۷	**نسلخ**	صاحب مفردات الفاظ القرآن الکریم، در معنای این واژه می‌نویسد: «السَّلْخُ: نزع جلد الحیوان» (ص، ۴۱۵)؛ سلخ به معنای کندن پوست حیوان است؛ «نسلخ»، یعنی می‌کنیم. در آیه مورد نظر، مراد بیان استعاری از رفتن روز است.
۳۸	**تقدیر**	اندازه گیری و تعیین (ر.ک: قاموس قرآن، ج۵، ص ۲۴۸)
۳۹	**عرجون**	صاحب قاموس قرآن در معنای واژه «عرجون» می‌نویسد: «این کلمه فقط یک بار در قرآن آمده است. عرجون: بند خوشه خرماست که بعد از قطع خوشه در درخت می‌ماند و پس از چندی خشکیده و کج شده مثل هلال می‌گردد و رنگش نیز زرد است» (ج ۴، ص ۳۱۵)
۴۰	**یدرک**	«ادراک» به معنای رسیدن به چیزی است. «یدرک»، یعنی برسد. (ر.ک: قاموس قرآن، ج۲، ص ۳۴۰)

۴۰	فَلَک	فَلَک: (بروزن فَرَس) مدار کواکب (ر.ک: قاموس قرآن، ج۵، ص ۲۰۴)
۴۱	ذریة	صاحب کتاب الطراز الأول، بعد از بیان معنای این واژه، به همین آیه اشاره کرده و در توضیح علّت استعمال واژه در مورد آباء توضیح می‌دهد: «الذُّرِّيَّةُ: نسلُ الثّقلین و أولادُه...آباءَهُم الأقدمینَ و هم و ذُرِّيّاتُهُم في أصلابِهِم؛ سَمَّى الآباءَ ذُرِّيَّةً؛ لِخَلْقِ الأولادِ منهم، کما سَمّى الأولادَ ذُرِّيَّةً؛ لخلقِهِم من الآباء» (ج ۱، ص ۸۲)؛ «ذریة»، نسل آفریده شده از ثقلین (انسان و جن) و اولاد آن‌ها هستند... در اینجا مراد از «ذریة» پدران پیشین ایشان است؛ و پدران از آن جهت به «ذریة» نام‌گذاری می‌شوند که اولاد از صلب ایشان آفریده می‌شوند و به فرزندان نیز از آن جهت «ذریة» گفته می‌شود که از صلب پدرانشان آفریده شدند.
۴۱	فُلک	فُلْک: (بروزن قُفل) کشتی. (ر.ک: قاموس قران، ج۵، ص ۲۰۳)
۴۹	یخصّمون	«خصم»، یعنی دشمن. «یخصّمون»، با یکدیگر دشمنی می‌کنند. (ر.ک: قاموس قرآن، ج۲، ص ۲۵۴)
۵۱	ینسلون	«ینسلون» در لغت، از ریشه «نسل» به معنای جداشدن است و با توجه به «الی» جداشدن همراه با حرکت معنا می‌شود، البته در کتب لغت سرعت در حرکت نیز در جمله معنای این واژه آمده است. (ر.ک: قاموس قرآن، ج ۷، ص ۵۸ و ۵۹)

۵۵	شُغل	«شغل» یعنی مشغولیّت (ر.ک: قاموس قرآن، ج ۴، ص ۴۸)
۵۹	مجرمون	«جرم»، در لغت به معنای قطع کردن است (ر.ک: قاموس قرآن، ج ۲، ص ۲۷)؛ به گناه نیز از آن جهت که قطع رشته بندگی با خدا است، جرم گفته می‌شود.
۶۲	تعقلون	صاحب مفردات الفاظ القرآن الکریم، در اشاره به این معنا از عقل می‌نویسد: «و يقال للعلم الذي يستفيده الإنسان بتلك القوّة عَقْل» (ص، ۵۷۷)؛ به علمی که انسان با بهرمندی از قوه عاقله‌اش از آن استفاده می‌کند، عقل گفته می‌شود.
۶۶	طمسنا	«طمس» یعنی محو کردن و نابود کردن (ر.ک: قاموس قرآن، ج ۴، ص ۲۳۶)
۶۷	مسخنا	«مسخ»، عوض شدن شکل و صورت به شکل قبیح (ر.ک: قاموس قرآن، ج ۶، ص ۲۵۷)
	مضیّا	«مضیّاً» نیز از مصدر «مضی» به معنای رفتن و گذشتن است. (ر.ک: قاموس قرآن، ج ۶، ص ۲۶۱).
۶۸	ننکسه	«نکس»، یعنی وارونه کردن. (ر.ک: قاموس قرآن، ج ۷، ص ۱۱۱)

۶۹	شعر	صاحب قاموس قرآن در معنای این واژه می‌نویسد: «شعر در اصل به معنی دانستن و توجّه خاصّ است و در اصطلاح به کلام موزون و قافیه‌دار اطلاق می‌شود که در آن دقت و ذوق مخصوص به کار رفته است. شاعر، گوینده چنین کلامی است. باید اضافه کرد که شعر بیشتر توأم با تخیّلات است که در خارج مصداق حقیقی ندارند و شاعر به قدرت خیال خویش، آن‌ها را در قالب الفاظ ریخته است علی هذا باید شعر را کلام خیالی و شاعر را خیال‌پرداز بگوییم؛ کفار مکّه که رسول خدا ﷺ را شاعر می‌گفتند منظورشان آن بود که این شخص خیال‌پرداز است و کلماتش واقعیّت ندارد.» (ج ۴، ص ۴۳)
۶۹	مبین	«مبین» یعنی آشکار و روشن. (ر.ک: قاموس قرآن، ج ۱، ص ۲۵۷).
۷۲	ذللنا	«ذلّ»، یعنی رام کردن (قاموس قرآن، ج ۳، ص ۲۱)
۷۸	رمیم	«رمیم»، به معنای استخوان پوسیده است. (ر.ک: قاموس قرآن، ج ۳، ص ۱۲۳).
۷۹	أنشأ	«إنشاء» از ریشه «نشأ» به معنای پدید آوردن است. (ر.ک: قاموس قرآن، ج ۷، ص ۶۳)

«ایقاد»، یعنی افروختن. «توقدون»، برمی افروزید. (قاموس قرآن، ج۷، ص ۲۳۳)	**توقدون**	۸۰
صاحب قاموس قرآن در معنای این واژه می‌نویسد: «این لفظ چهار بار در قرآن مجید آمده است ... در مجمع فرموده: ملکوت مانند ملك (بروزن قفل) است ولی از ملك رساتر و ابلغ است؛ زیرا واو و تاء برای مبالغه اضافه می‌شوند. در صحاح گوید: ملکوت از ملك (بروزن قفل) است مثل رهبوت از رهبة گویند: «له ملکوت العراق» برای او است حکومت عراق. ما وقتی که از کارخانه‌ای دیدن می‌کنیم می‌بینیم که در آن نظم به خصوصی حکم فرما است؛ هم در ساختن و هم در کارانداختن آن؛ همین طور است آسمان‌ها و زمین ... پاك و منزّه است خدائی که حکومت و اداره هر چیز در دست او است.» (ج ۶، ص ۲۷۵)	**ملکوت**	۸۳

منابع و مآخذ[1]

قرآن کریم

۱. ابن عاشور، محمد بن طاهر، ***التّحریر و التّنویر***، مؤسسة التاریخ، بیروت، [بی‌تا].

۲. بحرانی، سید هاشم بن سلیمان، ***البرهان فی تفسیر القرآن***، مؤسسه بعثت، قم، ۱۳۷۴ ش.

۳. حویزی، عبد علی بن جمعة، ***تفسیر نورالثقلین***، تحقیق رسولی محلّاتی، اسماعیلیان قم، ۱۴۱۵ ق.

۴. راغب اصفهانی، حسین بن محمد، ***مفردات الفاظ القرآن***، تحقیق صفوان عدنان، دارالقلم، بیروت، ۱۴۱۲ ق.

۵. شاذلی، سید بن قطب، ***فی ظلال القرآن***، چاپ هفدهم، دارالشّروق، بیروت، ۱۴۱۲ ق.

۶. طباطبایی، محمدحسین، ***المیزان فی تفسیر القرآن***، چاپ پنجم، دفتر انتشارات اسلامی جامعه مدرّسین، قم، ۱۴۱۷ ق.

---

۱. مراد از منابع و مآخذ، کتب مرجع و تفاسیری هستند که در تألیف این کتاب به صورت مستقیم یا غیرمستقیم نقش داشته‌اند، البته تعداد زیادی از اثرهای تفسیری دیگر نیز در تولید این کتاب مورد مطالعه قرار گرفته که به منظور اختصار نام آن ها در فهرست منابع و مأخذ نیامده و تنها به مهم ترین آن ها شاره شده است.

۷. طبرسی، فضل بن حسن، ***مجمع البیان فی تفسیر القرآن***، چاپ سوم، انتشارات ناصرخسرو، تهران، ۱۳۷۲ ش.

۸. فیروزآبادی، محمدبن یعقوب، ***القاموس المحیط***، چاپ اول، دارالکتب العلمیة، بیروت، ۱۴۱۵ق.

۹. قرشی، سیّد علی‌اکبر، ***قاموس قرآن***، دارالکتب الإسلامیة، تهران، ۱۴۱۲ ق.

۱۰. قرشی، سیّد علی‌اکبر، ***تفسیر أحسن الحدیث***، چاپ سوم، بنیاد بعثت، تهران، ۱۳۷۷ ش.

۱۱. کلینی، محمّد بن یعقوب، ***کافی***، دارالحدیث، قم، ۱۴۲۹ق.

۱۲. مدرسی، سید محمدتقی، ***من هدی القرآن***، دار محبّی الحسین، تهران، ۱۴۱۹ ق.

۱۳. مدنی، علی خان بن احمد، ***الطراز الاول***، چاپ اول، مؤسسه آل البیت:، مشهد، ۱۴۲۶ق.

۱۴. مصطفوی، حسن، ***التحقیق فی کلمات القرآن الکریم***، وزارت فرهنگ و ارشاد اسلامی، تهران، ۱۳۶۸ ش.

۱۵. مکارم شیرازی، ناصر، ***تفسیر نمونه***، دارالکتب الإسلامیّة، تهران، ۱۳۷۴ ش.

این کتاب توسط مرکز هماهنگی امور انتشارات بین‌المللی کشتی نوح مستقر در ونکوور کانادا در شبکه جهانی قرار گرفته است
آدرس دفتر مرکزی: بلوار پارک وی - شرق ونکوور - استان بریتیش کلمبیا - کانادا

Tel. +1-778-751-8127	تلفن
www.kashtinooh.com	وبسایت
info@kashtinooh.com	پست الکترونیکی

Copyright © 2023 by Top Ten Award International Network

All rights reserved. No part of this publication may be reproduced, distributed or transmitted in any form or by any means, including photocopying, recording, or other electronic or mechanical methods, without the prior written permission of the publisher, except in the case of brief quotations embodied in critical reviews and certain other noncommercial uses permitted by copyright law. For permission requests, write to the publisher, addressed "Attention: Permissions Coordinator," at the address below.

Published by: Top Ten Award International Network
Vancouver, BC **CANADA**
Email: Info@toptenaward.net
www.toptenaward.net

Ordering Information:
Quantity sales. Special discounts are available on quantity purchases by universities, schools, corporations, associations, and others. For details, contact the "Sales Department" at the above mentioned email address.

Contemplate on the Holy Quran, Sura Ya- Sin Saboohi Tasooji - 1st ed.
ISBN 978-1-77899-000-7   Paperback

Contemplate on the Holy Quran

Sura Ya-Sin

Ali Saboohi Tasooji

**Top Ten Award
International Network**

Vancouver, BC CANADA